# みんなのなつかしい1冊

池澤夏樹・編　寄藤文平・絵

毎日新聞出版

# まえがき

# 一人と一冊の仲

池澤夏樹

このシリーズも三冊目になった。毎日新聞の土曜日ごとの「今週の本棚」はまだまだ順調に続いている。コラム企画として成功であったと提案者であるぼくはにんまり笑う。

若い時・幼い時から本を読むことを習慣としてきた人ならば誰にでもなつかしい一冊はあるだろう。一回しか読まなくてもその記憶はずっと残るかもしれない。英語ではrememberは「思い出す」と「憶えている」の二つの意味を兼ねる。二つを分ける日本語の方が繊細かもしれないが、実際には同じことではないのか。記憶という棚の手前にあるか少し奥の方にあるかの違い。検索の手間の違い。

事態を本の側から考えてみよう。刊行された時、本はもちろん読者を得ることを願っている。今は商業主義の時代だから買われることを願っていると世間は思いがちだが、それは版元の視点であって、本自身はただ読まれたいのだ。

書籍の広告で部数を誇るものがあるけれど、あれは見苦しいとぼくは思う。それは売る側の事情、買う側はいずれにしても一冊しか買わないのだ（「たちまち重版」なんて見通しが甘かったという身内の恥をさらしているようなもの）。みんなが読んでいるから自分もというのは読書の動機として少し甘い。

刊行されて、一読者の手に渡って読まれて、それが長い歳月の果てに「なつかしい一冊」として取り上げられる。本という

## まえがき

ものにとってこれほどの栄誉はない。

今日の本があり明日の本がある。そして昔の本。人と本の仲を時間という軸で考えるとそこに自分史が重なってくる。このコラムはそういう原理の上に成り立っている。

若い人・幼い人が今日の本として読んだものが何十年後かにここに登場する。その時まで「なつかしい一冊」欄はずっと続いている、と希望しよう。本と人の仲はすべてこの可能性を含むものである。

二〇二三年七月　安曇野

# 目次

目次

目次

## 3 〈みんな〉と生きる

目次

毎日新聞「今週の本棚」
キャラクター・
ナツキ（オコジョ）

登場する本のデータは
２０２３年６月現在のもの。
それぞれの文章の末尾には、
毎日新聞掲載時の日付を記載しています。

1

# 〈わたし〉を知る

№.1－№.18

№.1

はやみねかおる・選

# タイムマシンのつくり方
（広瀬正・小説全集・6）

広瀬正＝著

集英社文庫

この本には、ぼくの〝初めて〟がいっぱい詰まっています。

まず、〝初めて〟買った古本です。当時、家の近くに古書店は無く、ぼくは古本屋さんに憧れを抱く小学生でした。そんなとき、駅前のデパートで、古本市が開かれたのです。お小遣いを握りしめ、ぼくは駆けつけました。そこは、新刊書店とは違う輝きを放つ宝の山で、ぼくは『タイムマシンのつくり方』と

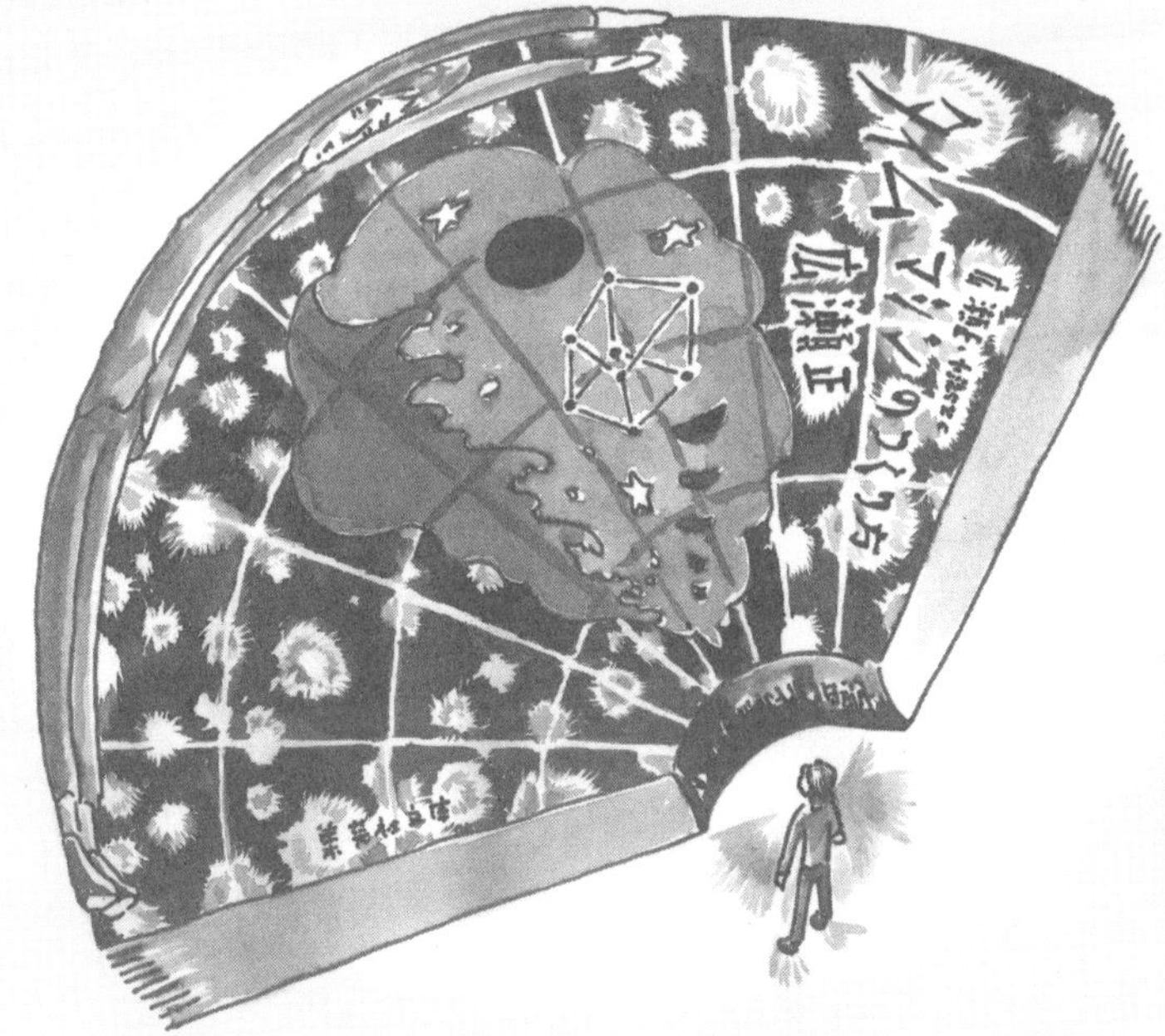


いう本を見つけたのです。

題名を見たとき、

「タイムマシンを作る材料や、制作手順、注意すること、操縦方法などが書かれてるんだろうな」

そう思いました。

……違いました。タイムマシンや時間流をテーマにした、短編やショート・ショートの本だったのです。つまり、この本は、題名と内容が一致しなくてもいいということを〝初めて〟教えてくれたのです。

タイムマシンの作り方が載ってなくても、不満はありませんでした。なぜなら、書かれている物語が、どれもこれも、本当に面白くワクワクするものだったからです。それに、この本のおかげで、一部の実用書やダイエット本のように題名と内容が一致しない本に出合っても、腹が立たなくなりました。

あと、これほど自由に書かれた本を読んだのも、〝初めて〟でした。

収録されている「ザ・タイムマシン」や「二重人格」では、ページの真ん中に線が引かれていて、上段と下段で別の物語が進みます。

もっと凄かったのは「UMAKUITTARAONAGUSAMI」。この話では、時間を逆行させる実験に成功していま

№.1

## はやみねかおる・選

す。

「小説って、自由に書いていいんだ」

自分で小説を書くようになったぼくは、二人の心理描写を同時にしたいと思ったとき、ページの真ん中に線を引きました。

また、ものすごく驚いた気持ちを表したいときには、巨大なフォントを使いました。それは、子どもの頃に『タイムマシンのつくり方』を読んだぼくが、未来のぼくに教えてくれたようなものです。

つまり、本書は、ぼくを〝初めて〟タイムマシンに乗せてくれた本ということになります。

あれ？

すると、この本には本当にタイムマシンの作り方が書いてあるということでしょうか？


（２０２２年５月21日）

№.2

竹内薫・選

# 実存主義とは何か
## 増補新装

J-P・サルトル＝著　伊吹武彦ほか＝訳

人文書院

大学一年のときに読んだ本である。授業中、フランス語教師が何気なく「きみたちはサルトルなんぞ読んだことがないでしょ」と呟《つぶや》いたのがきっかけだ。実存主義のじの字も耳にしたことがなかった私は、自分の教養のなさを恥じた。そして、授業が終わるなり、生協の本屋に飛び込んで、数あるサルトルの本のなかでいちばん薄かった本書を選んだ。

結果的に、この本は私の人生

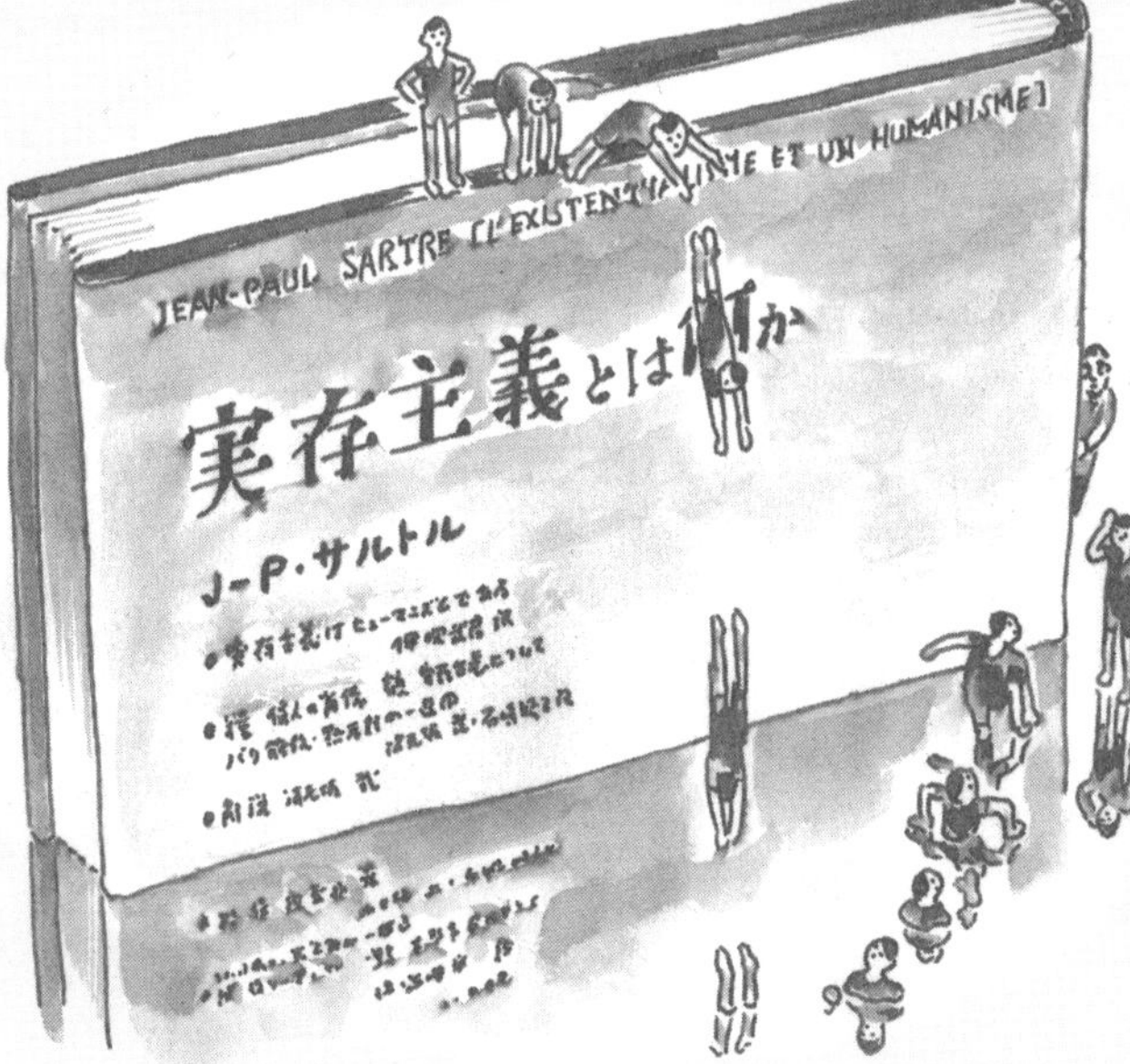


を変えた。

当時、自分の進路について悩んでいた。法学進学課程に入ったものの肌に合わず、もともと数学や文学が好きだったので、いったいどうしたものかと思案していたのだ。

実存主義は行動する哲学だ。いや、行動させる哲学だ。「実存主義はヒューマニズムである」と題する講演録は、わずか約70ページ（増補新装版は字が小さくなって約50ページ）だったが、そこに、人生の選択に迷った青年のエピソードがあった。自由フランス軍に身を投じて戦線に赴くか、母親の面倒をみるべきか。青年へのサルトルのアドバイスは、突き放したものに思われた。

「君は自由だ。選びたまえ。つまり創りたまえ」

いったいどういう意味か。実存主義の実存は「人間」を意味する。頼んでもいないのに世の中に生まれ出て、いつの間にか存在を余儀なくされた。初《しょ》っ端《ぱな》から理不尽ではあるが、いったんそうなってしまったからには、「人間は自分のなすこと一切について責任がある」と、サルトルは言う。人間はある意味「自由の刑に処せられている」のだ。

神頼み、天罰といった言葉があるが、神様にお願いをしたり、お告げを信じたり、神に罰せられたりするのは、神様が主体で

№.2

## 竹内薫・選

あるという点で、人間が主体の実存主義とは相反する。実存主義は神を否定するわけではない。だが、未来に向かって自分を投げる主体は人間であり、神がいてもいなくても関係ないとサルトルは言う。

私はその後、大学で専攻を「科学哲学」に切り替え、海外に留学し、物理学で博士号を取得し、文筆で身を立てることとなった。自由の刑に処せられた私は、自分の人生を他人のせいにすることなく、選び、創り、ひたすら未来に向けて自分を投げつづけた。辛いこともたくさんあったが、自分で選んだ以上、悔いはない。

いまでも困ったとき、この本を読み返すことがある。私の人生に魔法をかけてくれた本である。

（2022年5月7日）

№.3

天野慶・選

# ぽっぺん先生の日曜日

舟崎克彦＝作

岩波少年文庫

子どもの頃、母に本を隠されてしまうことがあった。いじわるではなく、本を読み始めてしまうと、ソファに座ったまま読み終えるまで動かなくなってしまう私を、物語の世界から連れ戻すために、そんな強硬手段を取ってくれたのだった。

ページを開いた瞬間、「私」がすっかり消えて、まるまる「本の主人公」になってしまうのは、物心ついたときからだった。読んでいるときは物語の世界にい

るので、母の声も友だちの声も聞こえなくなってしまう。からだはそこにあるかもしれないけれど、「私」の中身は、小川のせせらぎを聞き、冷たい水のしぶきを感じながら、そこで見つけたコロボックルの姿に心を奪われている。

「憑《ひょう》依《い》型読書」とも呼ぶべき習慣は、母には嫌がられたけれど、中学生のときの私を助けてくれた。教室で、休み時間になった瞬間に本を開く。現実世界のど

№.3

## ぽっぺん先生の日曜日

んな悪意も苦痛も私には届かない。

『ぽっぺん先生の日曜日』の主人公「ぽっぺん先生」は三八歳の独身の生物学助教授。つっかけのかかとを、ガラスのおもちゃである「ぽっぺん（びいどろ）」のようにペコンペコンと鳴らして歩くので、「ぽっぺん先生」と呼ばれている。

ファンタジー児童文学の主人公としては珍しい経歴のぽっぺん先生は、気が付くと異世界へ迷い込んでしまっている。「なぞなぞのほん」に閉じ込められ、謎解きをしながら出口を探す。〈先生はページの上にうっすらとつもっているほこりを落とそうとして、本に顔を近づけると、口をとがらせてフッと息を吹きかけました。／と、そのとき、ページのすみっこでアワダチ草の一りんがちいさくゆれました〉。乱視のせいかと眼鏡をかけなおすぽっぺん先生。するとアワダチ草は山吹色に色づき、

№.3

## 天野慶・選

窓の外からの風に一斉にそよぎだし、気が付くと先生はアワダチ草の草原の中に立っている……。ハニワになったりウスバカゲロウになったり地獄へ行ったり、異世界にスライドしてしまう描写はいつも鮮やか。

そうして本の中に入り込んでしまう女子中学生だった私は、三八歳の大学助教授になり「なぞなぞの本」の中に入ってしまう。本の中でもう一段深くかくれんぼするような、二重に守られている安らかさがそこにはあった。

子どもの頃によく歌った「メトロポリタン・ミュージアム」。歌詞にある〈大好きな絵の中〉ではなく、「本」に閉じ込められるのならば、「ぽっぺん先生」の本がいい。

**げんじつとものがたりとの境界線ゆらめいている図書室の隅**

（2022年6月25日）

No.4

今野敏・選

# 幽霊

北杜夫＝著

新潮文庫

中学一年のときに、仲のよかった友人がこの本をプレゼントしてくれた。それまで漫画ばかり読んでいた私にとって、北杜夫の文芸作品はいささかハードルが高かった。

「幽霊」は、少年時代の思い出を描いた作品だ。特にストーリーがあるわけでもないのに、そのガラス細工のような文体による描写だけで小説が成立するというのはたいへんなことだ。

……と、今ではわかるが、中学

生の私にそんなことが理解できるはずもない。それでも、友人がくれた本なので一生懸命に読んだ。

最後まで読み終えたときに、私の中で何かが生まれた気がした。この「何か」というのが大切なのだと思う。少年時代や若い頃は、経験をするたびに自分の中に変化が生じる。それが何かわからないが、たしかに変わったという実感がある。それが成長なのだと思う。

№.4

## 幽霊

それ以来、私は次々と北杜夫の作品を手に入れ、集中的に読んだ。一人の作家に「はまった」生まれて初めての経験だった。中学三年のときに、父親の転勤で引っ越し、転校をして親しい友人たちと離れればなれになった。孤独だったこともあり、本当にむさぼるように北杜夫作品を読んだ記憶がある。

医者であり作家であるという、北杜夫の独特のたたずまいに憧れた。憧れるあまり、文体を真似て小説のようなものをノートに書き連ねたのは、その中学三年のときだった。

小学生の頃は、よく漫画を描いていた。将来漫画家になりたいと、かなり本気で考えていた。それが、いつしか文章を書くようになっていたのだ。

その後、高校生になり将来のことが現実味を帯びてくると、漫画家や小説家になろうなどとは思わなくなっていた。ただ、

№.4

## 今野敏・選

北杜夫のおかげで、読書をする習慣がついていたし、何かにつけて文章を書くようになっていた。

そして、大学四年生のときにある小説雑誌の新人賞を受賞して小説家としてデビューすることになるのだ。それからもう四十五年近く経《た》っている。まさか本当に小説家になれるとは思ってもいなかった。そして、ありがたいことに今でも作家稼業を続けられている。

それというのも、「幽霊」という一冊の本をプレゼントされたからだ。それがなければ、私は作家にはなっていなかっただろう。一冊の本が人生を変えることは、本当にあるのだ。

（2022年7月2日）

№.5

平原綾香・選

# ねらわれた星

## 星新一ショートショート　セレクション

星新一＝作　和田誠＝絵

理論社

高校時代、通学の電車内で必ず読んでいたのが星新一さんのショートショートだった。

サックス専攻で音楽高校に通っていた私は、左肩に通学カバン、右肩にサックスをかついで自転車に乗って駅まで向かう。それを毎日やるものだから身体も精神も強くなり、さらにクラシックバレエ11年、スイミングスクールに8年通い続けていたので、デビュー時よく言われて

いた「しゃべらない・笑わない・走らない」というイメージとはかけ離れ、とてもタフなタイプだった。ここで雨なんかが降っても、それはもうサーカスに入れそうなほど安定走行ができた。

重いカバンの中身は、教科書、大量の譜面。そして必ず本が一冊入っていた。その中でも、良い仕事をしてくれたのが星さんのショートショート。自分の駅から学校がある駅まで、車内の滞在時間7分。何が良いかって、

№.5

## ねらわれた星

この短い間に1話読めてしまうことだった。とても短い物語なのにかなりの満足感を得られる作品ばかりで、個人的にはこの本にある「おーい でてこーい」「ボッコちゃん」のほか、「悪魔」「ノックの音が」という作品がお気に入り。必ず最後にどんでん返しのオチが待っているのだ。鳥肌が立つような怖い作品もある。星さんのおかげで、毎日が刺激的な朝だった。

どの作品にも、必ず道徳的なものが含まれていて面白い。独特な切り口で、〝愛〟という言葉を使わずに愛を教えてくれる作品や、決して「これはやっちゃダメ」などと書いていないはずなのに、あぁ、これは絶対してはいけないことなんだと教えられる作品もある。これを読んでいるこどもは、必ず良い子に育つだろう。

星さんのショートショートは、とても音楽的で、一冊の本が

№.5

## 平原綾香・選

一枚のCDアルバムみたいに感じることがある。長編作品がクラシック音楽だとすれば、ショートショートはポップスのようだ。なので、私は勝手に星さんを「作家の衣をまとった音楽家」だと思っている。話の展開のリズムの良さ、カタカナとひらがな、漢字の使い分けは、頭の中で声に出し読んでみるとメロディを感じ、登場人物同士が織りなすハーモニーにゾクッとする。

本を読む時間がない人でも、星さんのショートショートなら大丈夫。大人もこどもも楽しめて、どの作品を読むのにも、遅すぎることも早すぎることもない。まるで音楽を聴くように本を開くといいと思う。「おーい　でてこーい」。そんな声が聞こえてきたら、もうあなたは、星さんのとりこです。

（2022年7月16日）

№.6

原ゆたか・選

# ひとまねこざる

H. A. レイ=文・絵　光吉夏弥=訳

岩波書店

私は『かいけつゾロリ』という児童書を書いている作家です。子供の頃に本からもらったワクワク体験を、今の子供たちに伝えたいと、この仕事に就きました。影響を受けた作品は小学生になってから読んだ本だとばかり思い込んでいましたが、この『ひとまねこざる』を久しぶりに開いてみて愕然《がくぜん》としました。幼年期の頃、母が読み聞かせしてくれたこの本で、すでに子供を楽しませる本はど

うあるべきかを教えてもらっていた事に気がついたのです。
まず表紙をめくった前見返しには、主人公のおさるのジョージが体験するであろうカットがちりばめられていて、これから何が起こるのか興味をそそられます。ところが後ろ見返しの全く同じ絵は読者にとって思い出アルバムと変化するのです。
ジョージが動物園の檻《おり》を抜け出すと、動物園内や町のパノラマが広がります。そこにはジョージを探す飼育員や町の人々が細かに描かれていて、いつまででも見ていられました。ここからジョージははじめて出会うものへの好奇心でいろんな事に首をつっ込んでいきます。それはなにも知らない幼い私にとって共感する、ワクワクだったに違いありません。

そして私が一番好きだったのは、ジョージがマンションの一室をそこにある家具を利用してペンキでジャングルに塗り替えてしまうシーンです。住人は「へやをこんなにしてしまって！」と怒るのですが、この時、母が「すてきな部屋になったのにねー」と幼い私が思っていたとおりの事を口にしてくれて、とてもうれしかったのを今もしっかり覚えています。次に、ジョージは非常階段から落ちて入院します。そこでエーテルを嗅いでフラフラになるシーンが突然コママンガになるのも、子供

№.6

## 原ゆたか・選

にとってうれしい事でした。

①見返しの大切さ②絵を見ながら楽しんでもらうパノラマ③いたずらの大冒険④そこにある物を利用して何かを作りあげる工夫⑤説明はコママンガでわかりやすくする——という子供の本の制作方法を、私はこの本で幼年期に刷り込まれていたようです。さらに作者の伝記を読んで、絵描きだった奥さんが文筆家になり、作品を手伝ってくれていたという事を知りました。私の妻も同じように絵描きから作家になり、手助けしてもらっています。どうやら、この私こそが『ひとまねこざる』だったのかと、この年になって気づいたのでした。

（2022年7月23日）

№.7

野口健・選

# 歩きながら考えよう
## 建築も、人生も

安藤忠雄＝著

PHP研究所

時に本との出会いが人生を変えることがある。勉強についていけず、落ちこぼれた高校時代に喧嘩をして停学処分を受けた。停学中にフラリと立ち寄った本屋で冒険家の植村直己さんの『青春を山に賭けて』がパッと目に入った。登山にも植村さんにも関心がなかったのに何故かこの時はドキドキ。これも何かの縁だと購入し読んだ。「こんな僕でも植村さんのようにコツコツと積み重ねていけば

何かができるはず」と勇気づけられ山登りを始めた。植村さんが世界初の5大陸最高峰登頂ならば僕は世界最年少で7大陸最高峰に登ろうと決意。そして約10年をかけて目標を達成した。

それからはエベレストや富士山の清掃、被災地での支援やネパールでの学校建設といった社会活動が主なテーマとなった。活動を続けていれば多くの壁にぶつかるもの。そんなある日、建築家の安藤忠雄さんの著書と

№.7

## 歩きながら考えよう

出会った。大学に進学せず一人、黙々と本を読み続け独学で1級建築士を目指す。何をどのように学んでいくか、すべてを一人で考えなければならず、とても不安であったと。そして次に世界放浪の旅に出る。

欧州各国の街を朝から晩まで歩き続け、世界的な建造物を訪れては建築を考えた。その経験から「世界中の人たちに誇れるようなもの、そういう建築を、小さくてもいいからつくりたい」と、建築家としての活動をスタートさせる。もの凄く共感したのは「人間は、歩きながら何かを考える。時には『自分の人生は、これでいいのか』ということも考えます」という部分だ。山を登る行為は自身と向き合う時間でもある。ひたすら人生について考えている。僕も様々な活動の大半は山を登りながら考えに考えて「やるべきだ！」と決断した。

№.7

## 野口健・選

安藤さんの事務所には多くの学生も集まる。皆で酒を飲み終電が近づき帰ろうとする学生たちに安藤さんは「歩いて帰ればいいじゃないか」と帰さない。歩いたら8時間はかかる……と困惑する学生に「暗い中を歩いていると、ゆっくりと太陽が昇ってくる。『生きている』という実感が得られる」と。学生達にとっては間違いなく生涯忘れることのない体験になっただろう。僕は弱気になったり、迷いが生じたりした時には『歩きながら考えよう』を開く。その度に安藤さんの揺るぎないメッセージにハッとさせられ目が覚める。この本には安藤さんの徹底した現場主義、失敗を恐れずに突き進む生き様が記されている。特に学生達には大切なメッセージが満載である。

（2022年10月1日）

№.8

白石一文・選

# ルルドへの旅

アレクシー・カレル＝著　田隅恒生＝訳

中公文庫

小説家が懐かしい一冊を選ぶとなれば、書棚にずらり並んだ膨大な書群から舌なめずりしつつそれを抜き出すというのが本来だろうが、私の場合、頻回な引越しを優先し、大半の本は読了後に処分するので手持ちは自著を含めてほとんどない。そんななか小さな書棚に居残っている僅かな本の一つがこれだ。なつかしいと呼ぶには近すぎるのだが、本書は幾度かの転居を経てもなお捨てきれずにいる私

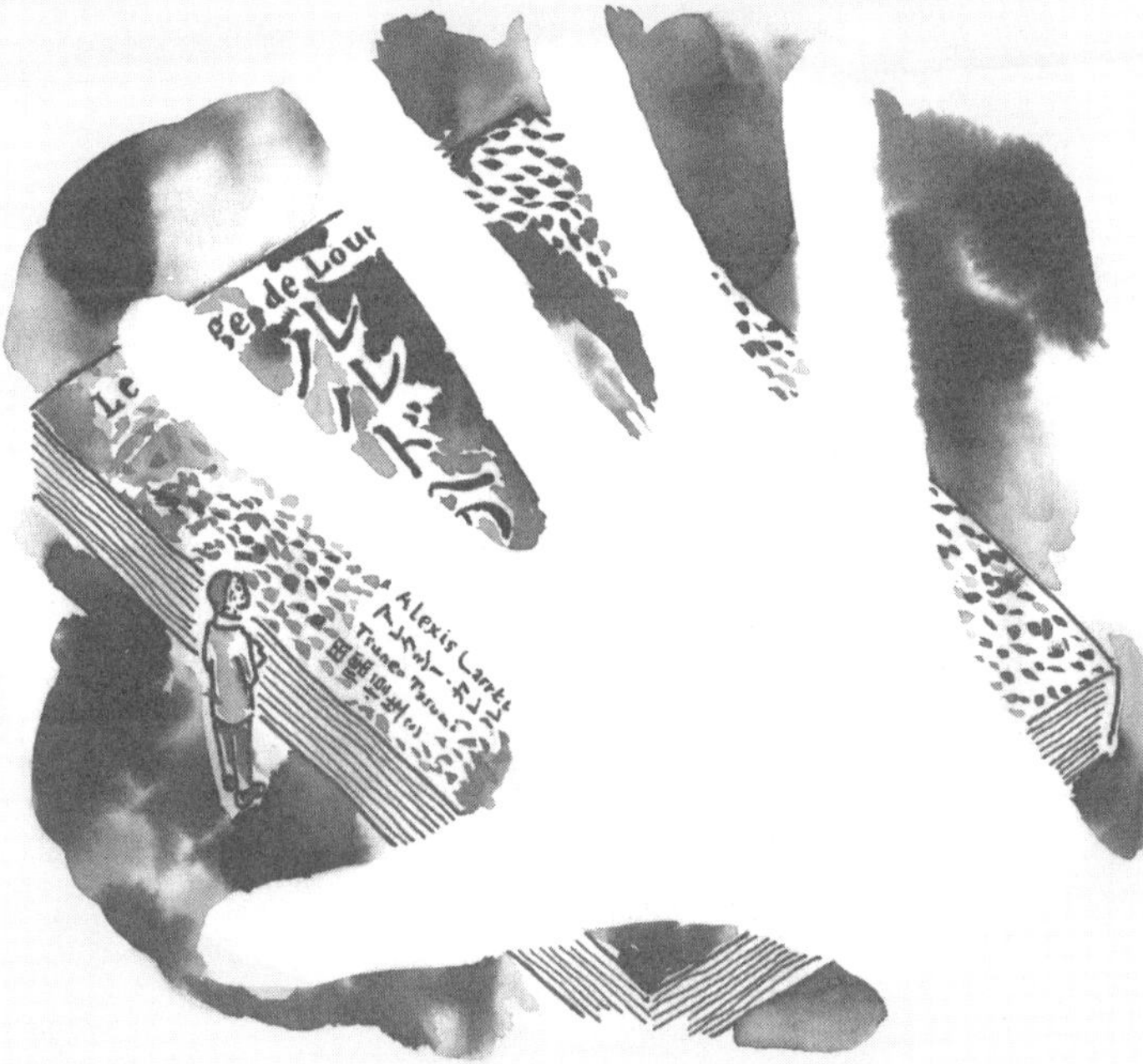

にとっては懐旧の一冊なのである。

数年前、突然右の脇腹が痛み出したことがあった。さらにその数年前にヘルニアの手術を受けていて、痛みが出た場所はその近辺だった。手術痕のためかと我慢していたが良くならない。生活に支障があるほどではないが、しかし、横になって休もうとすると気になって寝つきにくいくらいの痛みだった。生来の臆病とあって病院はイヤ。だが、

№.8

# ルルドへの旅

こうも続くと精密検査不可避かと途方に暮れていたある深夜のこと——その夜は特に痛みがひどく、そこでふと、いつもお世話になっている鍼《はり》の白石宏先生からいただいた小さな瓶の存在を思い出した。彼の患者さんの一人がルルドの地で求めてきたという聖水で、これはうちの猫たちが不調の時に患部に塗ったり、飲水に一滴垂らしたりと猫専用にしていた貴重なものだった。

むろん自分のために使ったことは一度もない。

しかし、その夜の痛みは、いよいよ明日は病院探しかというレベルだった。やむなく私はその小瓶の水を右の人差し指と中指に数滴垂らし、痛みが激しい下腹の一カ所に擦り込んでみた。

驚いたことに痛みは消えたのである。

しばらくして白石先生に会ったとき、その話をすると「効く人もいれば効かない人もいるみたいですよ」と言われたのを憶《おぼ》えている。

　この体験のあと、私は本書を読んだ。かねて書名は知っていたが読むタイミングがなかったのだ。やがてノーベル生理学・医学賞を受賞するカレルが体験したルルドでの出来事を三十歳のときに手記の形で書き残し、死後、夫人の手で公表されて世を驚かせた著作だが、私が何より本書で納得したのは、私の小さな小さな体験と酷似した、その治癒の〈瞬時性〉とでも呼ぶべきものであった。もちろんカレルが目の当たりにしたのは、私どころの話ではなかったのだが、それでも、私には彼の記す出来事がよく分かる気がしたのである。

　興味のある方は、一度手に取ってほしいので、今回はこれを紹介させていただくこととした。

（2022年12月10日）

№.9

鈴木忠平・選

# 刑務所のリタ・ヘイワース

スティーヴン・キング＝著　浅倉久志＝訳

新潮文庫

※『ゴールデンボーイ』所収

幼い頃、自分の前途に光を感じていなかった。気管支喘息《ぜんそく》を持っていたことが影響していたように思う。夜、電気を消す時刻になると発作が襲ってきた。年中ではなかったが、症状が酷《ひど》い時には、眠ることはもちろん、横になっていることすらできず、吸入のために深夜の病院のドアを叩いた。とにかく夜が長かった。そして友人たちが学校に行っている昼間に私は眠った。

　呼吸すらままならないという無力感は私から根源的な生に対する自信を奪った。おそらく自分は他者がたどり着く場所の半分までしか行けないのだろうという諦観が生まれた。この作品に出会ったのはそんな頃だった。たしか十二歳だったと記憶している。病院の待合室や学校を休んだ日の退屈な時間をやり過ごすために買ったのだ。

　無実の罪で終身刑とされた銀行家アンディー・デュフレーン

№.9

# 刑務所のリタ・ヘイワース

が三十年近い刑務所暮らしの末に脱獄し、自由を手に入れる——王道のストーリーもさることながら、私がページを捲《めく》り続けることができたのは、この本が絶望を舞台に書かれていたからだった。刑務所の闇の深さ、看守たちの理不尽、光を失った罪人たちの狂気、それらが調達屋レッドという囚人の視点から淡々と綴《つづ》られていた。

「刑務所のリタ・ヘイワース」はのちに『ショーシャンクの空に』との邦題で映画になり、不屈の自由を描いた名作として知られることになる。ただ原作には、映画に登場した屋上で囚人たちがビールを飲むシーンやラストの美しい海岸線は描かれていなかった。圧倒的な絶望を背景に、時折、内面の自由を捨てない男の姿がちらりと描かれる程度だった。つまり希望を押し付けなかった。作品全体のその薄暗さが長い夜の中にいた私にとって救いになった。もし眩《まばゆ》い希望の物語であったら、すぐに本を閉じていたと思う。

読み終えた日、私はやはり病院の待合室にいた。午後の明るい陽射《ひざ》しの中、学校に行かず、紙袋五つ分の薬を受け取るために焦げ茶色の長椅子に腰掛けていた。相変わらず自分への諦めは消えていなかった。ただ、アンディー・デュフレーンを知る以前よりは、自分に訪れる夜を受け入れることができるようになった。この本から受け取ったことは最近になって色々と実感するが、振り返ってみると、私はあの頃、本能的に気づいたのだと思う。白は黒の中にあり、自由は理不尽の中にこそあるという世の不思議な摂理に。そして希望を書きたければ、まず絶望を書くべきだということに。

（2022年12月17日）

№.10

廣津留すみれ・選

# そして五人がいなくなる

名探偵夢水清志郎事件ノート

はやみねかおる＝作　村田四郎＝絵

講談社・青い鳥文庫

バイオリンのレッスンのため県外に通いはじめた小学生の頃、楽器ケースを背負った私の手には常に青いカバーの文庫本が握られていた。高速バスでの移動中、前の生徒さんのお稽古が終わるまでの待ち時間、レッスンに付き添ってくれた母がデパートのお気に入りの服屋さんで試着する間。ずーっと、はやみねかおるさんのミステリーの世界に浸りっぱなしだった。あまりにもいつも本を読ん

でいるものだから、デパートの店員さんに「いつも本読んでいて偉いね」と言われたのだが、ただ自分が好きでやっていることを褒められるのが不思議だった。

『そして五人がいなくなる』を第一作とする「名探偵夢水清志郎事件ノート」シリーズの主人公、通称「教授」は、自堕落で食事も忘れてしまうような男。常識は無く発言も突飛で、特にイベントが無い限りは家のソフアでひたすら本を読んでいるだけの人間である。ところが事件が起きると言葉少なに全てを悟り、すっと謎を解決してしまうという正真正銘の「名探偵」なのだ。

どちらかと言えば優等生タイプで曲がったことや怠慢が許せない性格だった小学生の私には、こんなにもだらだらしている人間が次々と事件を解決していくなんて信じられなかった。当時は「世の中には変な人もいるんだなあ」と面白がって読んでいたのだが、今では自分の周りに「常識」が無くとも（無いおかげで）成功している人がたくさんいて、教授の振る舞いにも共感できてしまうのだから、人の思考というものは環境と時間で変わるものだなと笑ってしまう。

本作の舞台・遊園地で誘拐されてしまうのは、天才ピアニストの少女。コンクール前に毎日六時間の練習をこなし、世界一

№.10

## 廣津留すみれ・選

のピアニストという夢をもち、今一番したいことは「友だちとの長電話」と語る。家ではバイオリンの練習が忙しく友達との長電話など経験がなかった私は、自分と重ね合わせて読んだ。少し切ない気分にもなった。

でも、それだけで終わらないのがはやみねかおるミステリー。事件が解決すると、なぜだかいつも心が温かくなる結末が待っている。ああ、これで良いのだなと私も認めてもらえた気がした。

小学校時代に本作の話でずいぶんと盛り上がった友達とは本の趣味が合い、未《いま》だに仲良しである。幼いなりに忙しい日々の中、様々な冒険と「赤い夢」を体験させてくれた著者の作品群には感謝の念が尽きない。

（2023年1月7日）

№.11

くどうれいん・選

# せとうちたいこさん デパートいきタイ

長野ヒデ子＝作

童心社

「くどうさんは欲が多いねえ」と言われたことがある。わたしのつくる短歌には「〇〇したい」「〇〇になりたい」という欲望の歌が多いとのことだった。その人にはわたしのその欲深さがとても羨ましく好ましいのだという。みな何かしらの欲望と暮らしているだろうに、と思っていたが、確かにわたしは感動するとすぐに「これになりたい」と思ってしまう。おいしい炒飯《チャーハン》を食べれば、おい

しい炒飯を作る人になりたい。立派な建築を見れば、この建築を作る仕事の人になってみたい。昔から、テレビでかっこいいアイドルが歌って踊るのを見てもキャーと言わず「この人になってみたい」と真剣に思ってしまう子供だった。

『せとうちたいこさん　デパートいきタイ』を初めて読んだのは小学生の時、図書館でたまたま見つけた。帽子を被《かぶ》った赤い魚、へんなの、と思って手

№.11

## せとうちたいこさん　デパートいきタイ

に取ったのだ。タイのたいこさんが「デパートに　いきターイ」と言い出して、大きな百貨店を隅から隅までたのしみ尽くす絵本だ。わたしは見開きいっぱいにいろんな登場人物が好き放題遊んでいる絵本が好きなので、当然この絵本にのめりこんだ。おめかしをして尾びれにハイヒールを履いたタイコさんは店内をずんずん進む。「やってみターイ」「してみターイ」というたいこさんの口癖はつい声に出して読みたくなる魅力があった。エレベーターや呉服コーナー、化粧品売り場にレストラン、食品コーナー。昔ながらの百貨店のわくわくする気持ちを一緒に味わうことができるから、わたしはこの絵本で百貨店へのあこがれを養った。

二十年近く経って、自分がまさか絵本を描いたりするとは思わなかった。当時好きだった「たいこさんシリーズ」を改めて

№.11

## くどうれいん・選

読みたくなって、いま手元に置いて何度も読んでいる。やってみターーイ、してみターーイ！　声に出すとなんと気持ちがいいんだろう。大人になると「欲深い」とよくないことのように言われてしまうけれど、してみたいことが多いのはこれっぽっちも恥ずかしいことではない。この絵本でひとりでも多くのひと（大人にも必要な絵本だから、子供、とは言いません）が「してみターーイ、やってみターーイ！」と思うならそれはとても豊かなことだと思う。わたしの欲深さが健やかに見えるのだとしたらきっとこの絵本のおかげ。わたしもたいこさんみたいにチャーミングでパワフルなタイの奥さんになって、尾びれに高いヒールを履いてみたい。

（2023年1月28日）

№.12

石原良純・選

# つぶやき岩の秘密

新田次郎＝著

小学館・P＋D　BOOKS

磯遊びは、海辺の街の子供にとって大きな楽しみだった。今と違い子供だけで出かけても大人は別に気にしない。靴や服がズブ濡《ぬ》れになって家に帰っても親に叱られることはなかった。

僕と同じく三浦半島の海水浴場のある街に暮らす主人公の少年も、岬の磯で遊ぶのが大好きだった。特に大潮の日、岩に砕ける波の音が海のつぶやき声に聞こえたという。確かに海には

街では聞こえない様々な音がある。波の音、風の音。空や日射しにだって音がある。それらの音は24時間３６５日、常に音色を変える。時に鳥や獣の鳴き声に聞こえることもあれば、人の話し声に聞こえることもある。両親を海で失った少年には、岩に沁《し》みる波の音が人のささやき声に聞こえたのも頷ける。

　海辺に立ち日の光に肌を晒《さら》し、潮風に吹かれていると、ふと周りの音と隔絶される瞬間がある。

№.12

# つぶやき岩の秘密

波は打ち寄せ、岬の木々は風に揺れているのに音のない世界。海は人間界から天界への入り口なのかもしれないと、少年と同様に僕も思っている。

物語は戦時中に軍が隠蔽《いんぺい》した金塊の謎を巡り展開する。子供の頃、我が家の近くには防空壕《ごう》の跡がたくさんあった。小高い山の頂上にある公園の真ん丸い展望台も猿小舎《さるごや》も高射砲陣地の跡だった。米軍接収地が残る僕の街と少年の街には多くの共通点がある。僕は決して読書好きではなかったが、その情景を容易に想い浮かべられるこの冒険探偵小説を一気に読み終えた。

その後も磯で遊び続けたし、今も同じ海へ出かけている。海辺に立てば水平線まで海が広がり、水平線の上には空が広がる。僕自身は海辺の景色のなかで、なによりも空に魅了された。磯の音と同様に、空も刻一刻とその表情を変える。そして、何故《なぜ》

№.12

## 石原良純・選

あそこに雲があるのだろうか。風はどこから吹いてくるのであろうか。そんな単純な疑問に行き着いた。それに答えてくれたのが気象予報士試験の勉強だ。海辺の景色は気象予報士への挑戦に繋《つな》がり、ウエザーキャスターをはじめテレビの様々な仕事に繋がっていった。

海は広いな大きいな……。子供の頃は誰もが無限の可能性を信じていたはずだ。海をぼんやりと眺め大自然に抱かれれば、誰もが日々のストレスを忘れてニュートラルな気持ちになれる。だから人は、時に海を観たくなるのだろう。海へ出かける僕は、今も岩や波のつぶやきを聞き洩《も》らさないように心掛けている。

（2023年2月11日）

№.13

佐野史郎・選

# ナジャ

アンドレ・ブルトン＝作　巖谷國士＝訳

岩波文庫

「私は、夢と現実という、この外面的には非常に対照的な二つの状態が、いずれ一種の絶対的な現実、言うべくんば、一つの超現実のなかに解消するであろう、と信ずる」（A・ブルトン著『シュールレアリスム宣言』稲田三吉訳）

この言葉に導かれて今日《こんにち》まで来た。

１９７４年、東京・神田神保町の路地裏にある雑居ビルの３階に、この書籍の出版元、現代

思潮社が当時営んでいた「美学校」があり、その工房で私は油彩画を学んでいた。師は中村宏、日本を代表するシュルレアリストの中の一人だ。高校生の頃、マグリット、エルンスト、マン・レイ……といったシュルレアリストたちの作品に惹かれ、ならばと門戸を叩いた。

　そうして、ブルトンを知った。また、その眼《まな》差《ざ》しと共振する表現者たちに惹かれていった。瀧口修造、澁澤龍彥、種村季弘

№.13

# ナジャ

……そして、唐十郎。

絵筆を手にはしていたが、唐十郎率いる紅《あか》テントで知られた状況劇場の芝居を観、衝撃を受け、同時に俳優修行も始めた。唐十郎が自身の演劇論をまとめた「特権的肉体論」を読み、そこに記されていた『ナジャ』を手にした。後に、状況劇場に入団した私は、唐さんから度々稽古場で『ナジャ』からの引用を聞いた。

私は誰か？　と問われたら私が誰とつきあっているかを知りさえすればいい……と、何度も聞いた。これは、今でも常に意識することだ。

健忘症のドゥルイ氏は宿泊していたホテルの部屋番号を忘れてしまうので、帰ってきて「ドゥルイ氏だ」と言ったら、部屋番号を教えてくれと事務所に頼むエピソードも忘れ難い。帰ってきたばかりのドゥルイ氏は、窓から落ちて血だらけになって事務所の人間に声をかけ、「ドゥルイ氏だ」と言う。故意なのか、そうでないのか……目的と過程の逆転の眼差しは、これもまた、映画やドラマのシナリオを読む時に欠かせない。

ブルトンはオートマティックを唱え、無意識に出てくる言葉を綴りもした。『ナジャ』は初版の28年から35年後の63年に改訂版として新たに出版されたが、表現は細かく訂正され、写真や資料として参照できる図版も変わっている。

それほどまでにブルトンを捉えて離さなかったナジャという宿命の女《ファムファタール》は、亡き状況劇場のヒロイン、かつて唐さんの妻でもあった李麗仙さんとも重なる。

唐さんはある日、脳を挫傷し血だらけになった。

（2023年2月25日）

№.14

土井善晴・選

# ぼんぼん

今江祥智＝作

岩波少年文庫

生まれ住んだ大阪から、仕事場と家を東京に移した平成四年ごろ、小学生の娘の本棚にあったこの本の題にひかれて読みました。

物語は昭和十六年の大阪。大きな銀杏《いちょう》の木のある家に生まれたぼんぼんの兄弟。四ツ橋の電気科学館でプラネタリウムを見て、北斗七星の位置が五万年後に崩れはじめ、十万年後にはなくなると知り、絶対に変わらないと思っていたもんがなくなる、

そんなことがあるんかと衝撃を受ける場面から始まります。
出先で転んで頭を打った父親がいったんは回復したものの、また発熱して寝込み、そのまま目覚めんと死んでしまう。半年もせんうちに、同居を始めた祖母まで逝く。親子3人で暮らすことになった家に、伯父のはからいで父の親戚なる佐脇という男衆が家族を助け暮らす。戦争の気配、戦争が始まり敗戦に至る。思いがけない方に世の中は

№.14

# ぼんぼん

変わってゆく。できていたことができなくなり、大切なもんを失う。しまいに大阪大空襲で家が燃える。何にもなくなってぼんぼんは呆然《ぼうぜん》とする。彼の心にちょっとでも希望があったかどうかは知らんけど、死なんかった……という話。

昭和四十年ごろ、小学生だった私も同じ電気科学館でプラネタリウムを見ました。六十年ごろ、左前になっていた父の料理学校を盛り返そうと私は一生懸命でした。六十二年、父が講演会の最中に倒れて、復帰するも八年後に亡くなり、全国にあった学校を一つずつ閉めました。

この物語を自分事として読み進めました。料理学校や家族のこと、Xデーはいつどんな形でやってくるんか、ほんまに不安で怖かったときでした。ストレスで体調は最悪で、食べ物がおいしいかどうかもわからんくらいでした。そやけど目の前の仕

№.14

## 土井善晴・選

事をやるしかない。どんだけもがいても、どうにもならないことがある。Xデーへの覚悟のようなもんができるのは、その後からなんですね。

大空襲の日、二人のぼんぼんは川向こうの家が焼けるのを眺めながらも、まさか自分たちの家が燃えることは現実にはないだろうと思っている。次の瞬間、焼夷《しょうい》弾が落ちて家も大銀杏も火に包まれ、逃げまどう。

「これからは日記つけとくと面白い世の中になるそうだすんや」、「なんぼでもある、と思ってはるもんでも、ある日急に、のうなってしまいますのンや」という佐脇の言葉、ああ、それはほんまのことやなあと思います。

（2023年3月4日）

№.15

米澤穂信・選

# ポケットに名言を

寺山修司＝著

角川文庫

**本**

棚に何冊も、紙の色が変わってしまった本がある。うっかり太陽光に晒して色《いろ》褪《あ》せた本もあるが、たいていは年月のあいだに自然と変色したものだ。そうした本には、びっしりと付箋が貼られたものが多い。学生時代に買い、読み込んだ本たちだ。たとえばある詩集などはあまりに多く貼り過ぎて、付箋の意味がなくなっている。

二十年も貼ったままになるとは思わなかった。無理に剝《は》がせ

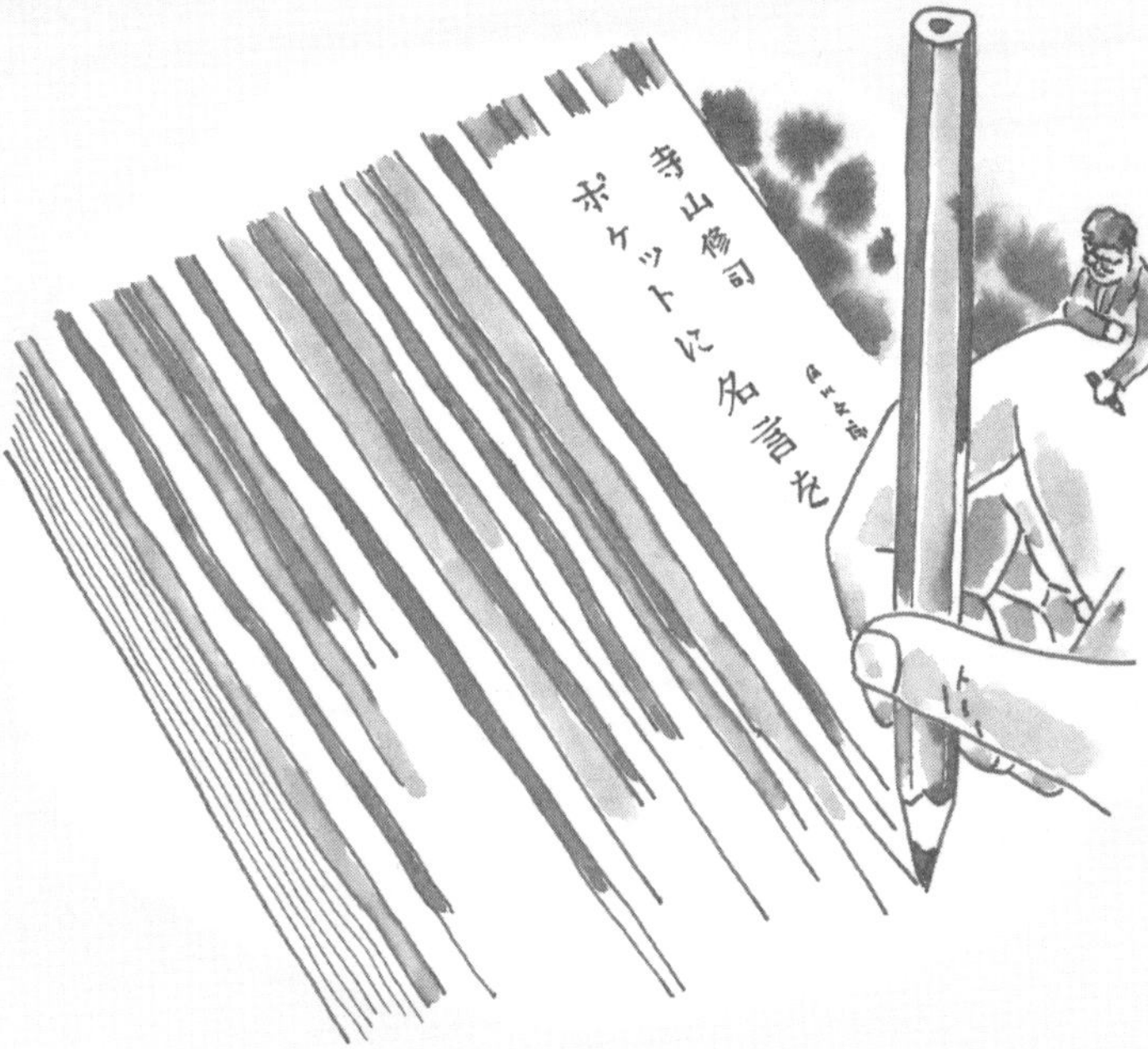


ばページが傷んでしまうだろう。罪悪感はあるが、剝がせない付箋によってその本は唯一無二の、私の本になったのだとも感じる。

私は今、林静一が装画を手掛けた、角川文庫の『ポケットに名言を』（一九七七年版）を手にしている。この本に付箋は三枚だけ貼られている。

学生時代、毎日のように小説を書いていた。続けるうちに、曲がりなりにも小説らしい文章を書けるようになっていった。

№.15

# ポケットに名言を

私は、書くべき内面もないままに、小手先の技だけを身につけたのだ。若者らしく、自分には出来るという無根拠な思い込みもあっただろう。しかし一方で、何も知らないまま何かを書くことに、じっとりと足元から這《は》い上がってくるような焦りを覚えてもいた。

私は、生きていくことそれ自体が小説になるような性格はしていない。空虚な器にこっそり何かを詰め込もうとして、私は『ポケットに名言を』を手に取った。コンビニでパンを買うように、手っ取り早く教養と呼ばれるものを手に入れようとしたのだ。見上げた心がけとは言わない。だが自分を弁護するならば、名言集を読む動機など、七割方それではないだろうか？

そして私は、この本に三枚だけ付箋を貼った。そのうちの二枚がマークした言葉は、忘れてしまっていた。残りの一枚が添

№.15

## 米澤穂信・選

えられた言葉を忘れたことはない。「性格を持たないとき、人はたしかに方法を身につけなければならない」。アルベール・カミュ「手帖」より。私はこの言葉を、天才でないなら技を磨かねばならないと解釈した。書くべき内面がないならば、せめて上手くなれ。その技は、もしかしたら、ひょっとしたら、何かの「性格」に届くかもしれないと思った。

そして私は書き続けた。上手くなったかは、わからない。自らの内面が充実しているかは気にしなくなった――どうせ、培ってきたもの以外は書けないのだから。

寺山修司がカミュから引いた言葉は、ずっと私の傍らにある。言葉と人は、不思議に出会う。

（2023年3月18日）

№.16

中条省平・選

# 刺青・少年・秘密

谷崎潤一郎＝著

角川文庫

私は１９６７年に中学・高校一貫の麻布学園に入りました。自由な気風の学校というのは嘘ではなく、級友には変わった連中が目白押しで、ジャズやロック、ミステリーやマンガなどの様々な情報を教えてくれました。私は当時、まったく新しい映画作りに邁《まい》進《しん》するジャン＝リュック・ゴダール監督に夢中になり、映画を理解するには、哲学や文学などの知識が必須だと知って、あらゆる種類の

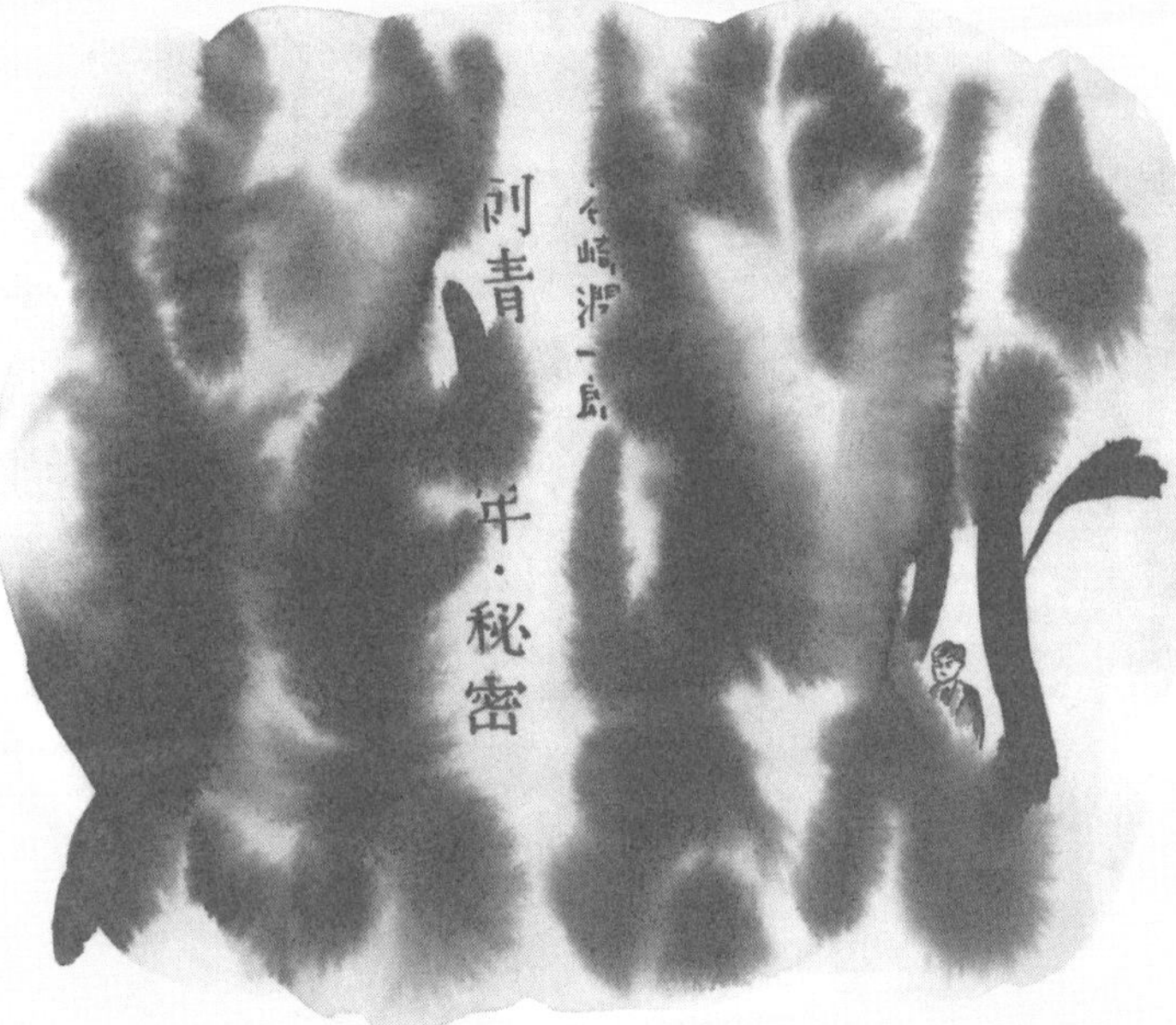


難しい本に手を出すようになりました。

　日本の小説では、安部公房、大江健三郎、倉橋由美子といった、最先端と目された作家たちを好むようになり、古い日本文学は、ほとんど読んだこともないくせに、軽く見ていたのです。

　そんなとき読んだのが、谷崎潤一郎のこの文庫本です。たまたま三島由紀夫が谷崎を熱烈に賞讃《しょうさん》した文章を読んだので、買う気になったのだと思います。

№.16

## 刺青・少年・秘密

しかし、実際に読んでびっくりしました。恐ろしいほどの倒錯の世界を、こんなにも美しく、誘惑的に描きだす文学が存在するなんて。

中身ははっきりいって、変態的性欲のオンパレードです。「刺青」は魔性の女に残酷に殺されたいという願望。「少年」と「幇間《ほうかん》」はマゾヒズム。「秘密」は男女の性を転換する衣装倒錯。「悪魔」は好きな女の風邪の鼻汁で濡れたハンカチを啜《すす》るような情欲。どれもこれも、人間がどれほど異常な行為に引かれていくかを描いた作品です。

ところが、そうした変態的な欲望や行為が、なんとも魅力的で、当たり前の日常を生きる私たちの平凡さをあざ笑い、この世を極彩色の陶酔的な異界に変えてしまうのです。そのまるで魔法のような技を可能にしているのは、谷崎潤一郎の華麗なの

№.16

## 中条省平・選

に、生々しさにあふれた文章の力でした。

書物に盛られた深い思想や難解な哲学を知るのがこの世界でいちばん大事なことだと思っていた私は、言葉の力で世界が魅力的に変貌するという文学の秘法を谷崎から教えられたのです。

その上、この文庫本の最後に収録された「神童」と「異端者の悲しみ」という短編には、神童が哲学を捨て芸術に没頭する決意と、異端者が自分の頭に発酵する怪しい悪夢を甘美な小説に変えるという話が語られていました。

私はこうして、自分の奥深い資質に根ざす芸術を全面肯定する勇気をもてと励まされました。それは、なつかしい思い出であると同時に、私にとっていまだに鮮烈な、芸術に関する最も根源的な教えであるという気がしています。

(2023年4月8日)

№.17

姫野カオルコ・選

# アライグマのワイアッチャ

アーネスト・トンプソン・シートン＝文・絵　今泉吉晴＝訳

童心社

保育園や幼稚園経由で『キンダーブック』をとっていた人が読者にもおられるのではなかろうか。薄い大判の、背を赤い紙で綴《と》じた雑誌。

ある年の8月号の表紙は、ふかふかした尻尾《しっぽ》の、目のまわりが黒い、タヌキのような動物が、おたまじゃくしのいる川に前肢をつっこんでいる絵だった。太い字で『あらいぐまのあっちゃ』と題名が書かれ、「原作・アーネスト・シートン　文・

龍口《たつのくち》直《なお》太《た》郎《ろう》　え・林《はやし》義《よし》雄《お》」と、細い小さな字で書かれていた。

四歳であったので、漢字の部分は大人に教えられたのだろうし、話の内容も、ごく正確には把握できていなかったと思う。

だが、寝室の挿絵は、後年も現在に至るまで鮮明に記憶された。インク壺に前肢をつっこんだアライグマの足跡が、ベッドカバーから絨毯《じゅうたん》からカーテンから、どひゃーっとばかりについており、何回見ても、声をあげて笑

№.17

# アライグマのワイアッチャ

った。

家中の家具を汚し、ジャムを食い散らかした動物が「あっちゃ」ではなく「ワイアッチャ」であり、しかもそれは、人間が愛玩動物につけた名前ではなく、アメリカ先住民の言語で「魔力をもつもの」という意味の、アライグマ全般を指すことばであるのを知るのは、ずっと後年に、シートンの手による絵のついた、今泉吉晴訳の『アライグマの　ワイアッチャ』を読んでのことだった。

たんに「なつかしい」というのであれば、学齢前の子供だった時に、そんな年齢の子供向けに書き直された『キンダーブック』の「あっちゃ」なのだが、今泉訳の「ワイアッチャ」は、幼い自分がなぜ、あんなにもあの絵に笑ったのか、その理由が「今こそ解き明かされる」とまで言うと大袈裟《おおげさ》だが、「なんとな

№.17

## 姫野カオルコ・選

くわかる」一冊である。

「ワイアッチャ」と文中では呼ばれる彼の、顔や体つきは、見るぶんには、またつかのま抱っこするぶんには、かわいい。四歳の私が感じたように、作中の一家もそう感じたのである。

しかし、彼は決して、人間に馴致《じゅんち》しない。彼の快適は、決して人間の快適ではないのである。両者には相いれない溝があるし、また、犬と猫と彼の間にも溝があるのである。

そして四歳の私には、それが決してわからないから、絵だけに笑うことができたと思うのである。いわば彼に近かったのだ。淡々と訳された今泉訳の妙味に笑えるのは、彼から、自分がぐんと離れたゆえである。


（2023年4月22日）

№.18

ヨース・ジョエル・選

# 銀の匙

中勘助＝著

岩波文庫

※新潮文庫などからも刊行

「なつかしい」という言葉は、nostalgiaと英訳されることが一般的だが、「なつく＝慣れ親しむ」が語源の日本語とニュアンスが異なる。権威ある英語辞典によれば、nostalgiaは、18世紀にドイツ語のHeimweh（郷愁）をラテン語に直したのが起源である。nostos（家に帰る）とalgos（痛み）という古代ギリシャ語の単語を組み合わせた造語である。日本語の「なつかしい」より、陰影を帯びた色

合いの感情をさす。
『銀の匙《さじ》』を最初に読んだとき、わたしは30歳だった。小説の「私」が伯母に負《お》ぶわれる明治時代ははるかに遠い。舞台の神田の景色も、わたしの生まれ故郷とまるで違う。それでもわたしに「なつかし」く、一種のnostalgiaを感じさせる。

主人公は、気の弱い、体力もない「私」という子どもである。「私」の幼い身には、明神様のお祭りや引っ越しなど、様々な

№.18

# 銀の匙

出来事が、湖畔をなでるさざ波のように押しよせてくる。途方に暮れる漢方医、伯母のつれあい惣右衛門、賑《にぎ》やかな見世物師たちなど、「私」の目の前を過ぎる人物たちが彩り豊かに描かれている。落ちぶれた武家の女の悲哀に満ちた歌声、口に入れた鉋屑《かんなくず》の味、行燈《あんどん》がつくる怪しげな影。敏感な「私」の心に湧いては消えてゆく数々の感情も、柔らかいが無駄のない筆致で読者に届けられる。読み進めていくと、なんとも言えないなつかしさがつのってくる。

このなつかしさには、しかし、英語でいうノスタルジアに近い、悲しげな側面もある。中勘助は、厭世《えんせい》、そして遁世《とんせい》の傾向が強かったらしい。子ども目線の徹底という点では秀逸だが、激動の時代を扱う小説としては、規模が小さい作品である。部屋、廊下、路地、裏庭。主人公が病弱な自分をすてて大きな世

№.18

## ヨース・ジョエル・選

界に出ていくことはない。同じ頃に読んだギュンター・グラースの『ブリキの太鼓』も子どもの目線を使うが、あの小説にある爽快感はない。「私」がなじめない学校での愛国教育の描写の行間からは、日本の行き先に対する著者の不安がにじみ出ている。

ただ、この一冊の大きな力、そして21世紀になっても岩波文庫のベスト100冊のリストにしばしば登場するゆえんは、まさに、この坪庭のような視野である。中勘助が読者をいざなうのは、だれしもが帰ろうにも帰れないけれど、ずっと自分の中にある「子ども心」という場所である。この一冊は100年後も、読者に「なつかしさ」と一抹《いちまつ》の nostalgia を覚えさせて読まれるだろう。

（2023年5月13日）

# 2

# 〈あなた〉に出会う

№.19－№.34

№.19

ふかわりょう・選

# イニシエーション・ラブ

乾くるみ＝著

文春文庫

もうだいぶ前なので詳細は覚えていないのですが、とにかく衝撃を受けたことは間違いありません。禁断の果実と言ってもいいのではないでしょうか。まぁ気持ちよく騙《だま》されました。例えばこういった書評欄、テレビ・ラジオといったメディアなど、さまざまな媒体を介して知った方もいるでしょうが、ひょっとすると、知人に薦められたケースが一番多いのではないでしょうか。というのも、こ

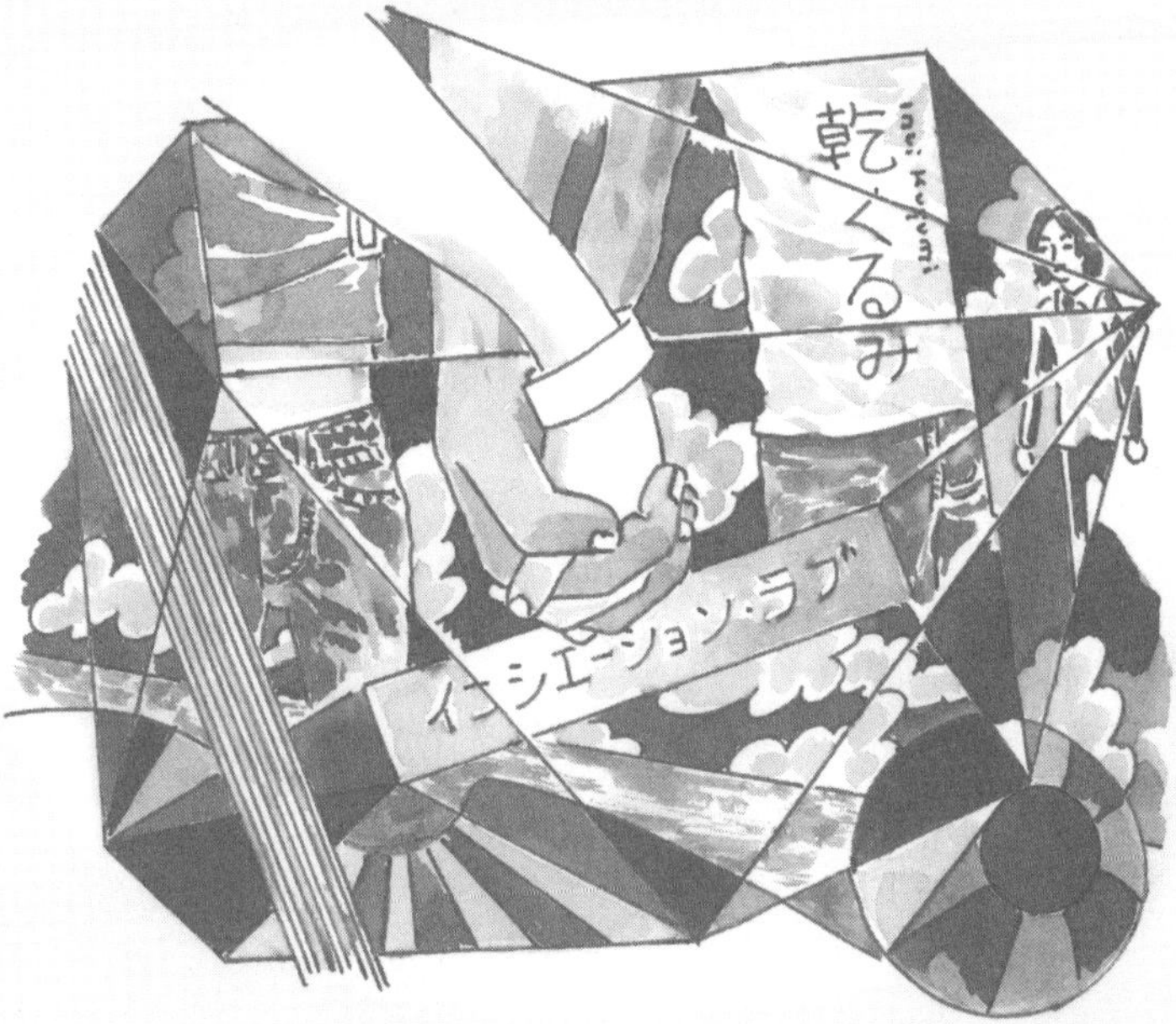


の本、誰かに言わずにはいられないのです。自分一人では抱えきれず、誰かと共有したい。びっくりさせたい。感動を分かち合いたい。そして、他の人がどう反応するか、非常に気になるのです。自分の中だけで消化するのは困難を極め、読んだ後に、答え合わせをしたくなるのです。あそこ気づいた？みたいな。

　下手すると、美味しい部分に気づかずに終わっている場合があるので、カニのように、こん

№.19

## イニシエーション・ラブ

なところにも美味しい身が詰まっているのだと教えてあげたくなるのです。また、一人で黙々と頬張るより、誰かと共有することで旨《うま》みが倍増するのもこの作品の特徴。私が読んだのは、まだＳＮＳが普及していなかった頃ですが、それでも口コミで広がる波及力がありました。

数年前、ゴールデンタイムのバラエティー番組で、とある男性タレントさんが、ものすごい熱量でこの本を紹介していました。とにかくすごいから読んでみて、と。その方に紹介したのがこの私。比較的早い段階でこの書籍と出合い、感動し、作者の乾くるみさんと対談し、増刷分には帯コメントまで書かせていただきました。それでも尚《なお》、私には余熱があるようです。その後映画化もされましたが、あの世界観をどうやって映像化するのだろうかと不安を抱きました。きっと、原作への愛情が強すぎるが故に、やはり原作が良かった、となりそうなのであえて見てはいませんが、映像化はかなりのチャレンジでしょう。何せ、小説だからこそ表現できることなのですから。

往々にして、壮大な仕掛けを設置するが故に、策に溺れてしまうケースはありますが、ご安心ください。仕掛けがなくても十分面白いのですから。なんとも美しいのです。ページを捲《めく》るたびに、夏の香りや懐かしい音が吹き抜けます。我々の世代にはたまらない時代背景。なおかつ仕掛けがすごいとは。乾くるみさんは、美しすぎるほどの完全犯罪を遂行しました。きっとあなたも、共犯者になりますよ。

（2022年5月28日）

№.20

ピーター・J・マクミラン・選

# 大転落

イーヴリン・ウォー＝作　富山太佳夫＝訳

岩波文庫

記者であり作家でもあった私の母が、16カ月前に他界した後、私は彼女の図書を相続した。母は熱心な読書家で、10代の頃の私にたくさんの作家を教えてくれた。アイルランドでの母の葬儀が終わった後、全ての本を日本に持って帰ることはできなかったので、私は運べる本だけを選んだ。母が所蔵する本の中に、イングランドの小説家イーヴリン・ウォーが書いた二冊の小説を見つけた。私が

初めて母と一緒に読んだ記憶がある本のうちの二冊、『一握の塵《ちり》（A Handful of Dust）』『大転落（Decline and Fall）』だ。

『大転落』（1928年）は、ウォーのデビュー作である。20年代のイギリス社会を風刺する、作者の特徴的なブラックユーモアの小説だ。

　まだ10代であった私が、この小説の才気あふれる散文に触れて強烈な印象を受けたことを今でも克明に覚えている。ウォー

№.20

## 大転落

の評判は、その晩年にはかなり落ちていた。反ユダヤ主義で、社会的な階級の分断や富の不平等が自然なものだと主張していたからだ。彼はスノッブ（紳士気取り、上流階級を気どって下の階級を見下すこと）の人間嫌いとして広く知られるようになっていた。しかし、最近の研究では、これがあくまでもステレオタイプであり、彼の悪意のあるユーモアの底には深遠な芸術性があることが明らかになってきている。

彼の死後、テレビや映画が制作されたことで、新しい世代の読者を獲得し、彼の作品は今も売れ続けている。クライブ・ジェームズという評論家はこう述べた。「彼ほど飾らない上品な英語を書く人はいない。何百年にもわたって絶えず発達してきた散文は、彼の作品で最高潮に達した」

母はウォーの作品と、彼の仲間たちの作品を熱心に読んでいた。そこには小説家ナンシー・ミットフォードと、そのスノッブの世界観も含まれていた。母自身、品のある散文の作家として、ウォーを愛することがたしなみのしるしだった。しかし、今になって母と小説を読んだ時を懐かしく振り返ってみると、母が彼らやそのサークルを愛していた背景には、母自身のスノッブの感覚も少しはあるのではないかと思っている。

この記事を書いている今、母の持っていたウォーの本は私の机の側にある。母は生涯を通じてヘビースモーカーだったので、本は母が吸っていたタバコの脂《やに》で黄色くなっており、私の子ども時代の匂いがする。母亡き今、私にとって世界でこれらの本以上の宝物はない。

（2022年5月14日）

№.21

黒川創・選

# ジャン・クリストフ

ロマン・ローラン＝作　豊島与志雄＝訳

岩波文庫

『ジャン・クリストフ』を夢中になって読み通したのは、一七歳になろうとするころだった。だが、六〇歳に達した現在となっては、同書中の場面で鮮明に覚えているのは、もはや一カ所だけである。あの本の何に、私は惹《ひ》かれていたのだろう？　いまになって読み返すと、すっかり幻滅させられるのではなかろうか？　そういったことをあれこれ考えながら、おそるおそる再読した。

結果としては、今度も、やっぱり引き込まれた。あちこちに、感動を覚える場面があった。

赤ん坊のクリストフの目に映る、この「世界」の光景。父、母、祖父、叔父……。一人ひとりの姿が、なんと陰《いん》翳《えい》に富んでいることか。

記憶に残っていた場面にも、再会した。

……青年期に差しかかりつつあるクリストフが、近所に住む二〇歳の寡婦ザビーネと、人知れず心を寄せあう。ある日、二人は悪天候に見舞われ、田舎の農家（ザビーネの兄の所有）で、夜を明かすことになる。二人の部屋は隣り合わせ。互いの部屋に通じる扉があるが、ザビーネの部屋の側から、掛け金が下ろしてある。

けれども、深夜、クリストフが、その扉に触れると、するりと開く。はっとして、閉じる。胸が高鳴る。もう一度、扉を開き、ザビーネのところに入っていきたい。だが、そうはできずに、立ちすくむ。同じとき、扉の向こう側でも、ザビーネが、素足で寒さに震えながら立っている。やがて、そのまま夜が明けてくる……。

つまり、この長大な小説は、主人公クリストフの性的成長をめぐる物語である。ここから、彼は音楽家としての歩みを進め、自身の芸術をめぐる苦闘、葛藤を続ける。それらのありかたも、女性たちとの友情、恋愛、行き違いや、歳月を経ての再会などから、影響を受けながら変わっていく。

一〇代の私が、この小説に強く惹かれたのも、自分自身のおぼつかない性的成長に、足がかりを求めてのことだったのだろうと、思いあたる。

当時の岩波文庫『ジャン・クリストフ』は全八冊だったが、いまは、同じ豊島与志雄訳で大冊の全四冊に改版されている。これらは、昭和初期に岩波文庫に収められた豊島訳『ジャン・クリストフ』を現代表記に改め、現在まで至っているものである。明治期以来、翻訳の豊かな蓄積に支えられるフランス文学、ロシア文学などには、長命な翻訳も多い。新訳は大切だ。だが、長命な翻訳の成立条件にも、目を向けるべきときが来ている。

（2022年6月4日）

№.22

内田樹・選

# あしながおじさん

ウェブスター＝著　土屋京子＝訳

光文社古典新訳文庫

※新潮文庫などからも刊行

『あしながおじさん』は講談社の少年少女世界文学全集の一巻として配本された「アメリカ編（5）」の中にあった。私は10歳くらいだったと思う。毎月一冊送られてくるこの全集を私は親に命じられるまま義務的に読んでいた。まだ本を読むことに慣れていなかったので、一冊読むのに一月以上かかることもあった。でも、そのうちにだんだん本を読むのがはやくなってきて、やがて翌月の新刊配

本を待ち望むようになった。そのきっかけになったのは少女が主人公の小説が集中的に配本されたことだった。『若草物語』、『赤毛のアン』、『小公女』、『愛の妖精』などを私はむさぼるように読んだ。そして「少女の気持ちになって生きる」というまったく新しい経験をした。

とくに彼女たちの想像力のこまやかさと読書好きに私は深い共感を覚えた。少年の主人公た

№.22

あしながおじさん

ちは（ハックルベリー・フィンも『宝島』のジム少年も『エミール と探偵たち』のエミールも）行動力はあるのだけれど、あまり内省ということをしない。私が内省的な主人公というものに感情移入して物語を読んだのは少女小説が最初だった。

『あしながおじさん』は「少女の成長譚《たん》」である。多くの物語の少女たちは最初の頁《ページ》に登場した時点で十分な成熟に達していて、物語の中で成熟を遂げるということはあまり起こらない。でも、主人公のジュディはこの物語の中で実に美しく変容してゆく。もちろん彼女が「さなぎから蝶」になるような変容を促すきっかけは恋なのだけれど、実はそれと同じくらい、あるいは以上に大学が彼女を成長させるのである。

『あしながおじさん』で一番私が胸ときめいた部分はジュディが大学で新しい教科を学ぶにつれて、「おじさん」宛ての手紙の

№.22

内田樹・選

語彙《ごい》がしだいに豊かになり、修辞や構文が複雑になり、表現できる思いや感情の奥行きが広がってゆくところだった。語り手自身が知性的・感情的に成熟してゆくにつれて、世界の表情が変わってゆくのである。世の中には「知性的に成熟することの喜び」というものがあることをこの小説は私に教えてくれた。

それから三十年ほど後に、煉瓦造りの美しい校舎をもつ女子大の教師になった。そのキャンパスは「ジュディが通った大学」についての私の想像にそっくりだった。これからは自分が少女たちの成熟を支援する仕事に就くのかと思って、とても幸福な気持ちになったことを思い出す。

（2022年7月9日）

№.23

杉田かおる・選

童話集
# 幸福な王子
他八篇

オスカー・ワイルド＝作　富士川義之＝訳

岩波文庫

オスカー・ワイルドの童話『幸福な王子』を初めて読んだのは、小学3年生の時でした。すでに私は俳優の仕事をしていて、テレビという巨大なメディアの中でデフォルメされた「子供らしさ」を大人たちに要求されながら、それに必死で応えるという日々を送っていました。泣きたくない時も涙を流したり、泣きたい時に笑顔を作ったりと、我ながらよく頑張っていたなぁ。大好きなお芝居で

はありましたが、家計を助けるための生業《なりわい》とするには、幼かった自分にとってはやはり辛いもので、現実から逃避できる台本や本を読むのが唯一の至福の時間でした。中でも特に心に響いたのが、全身を金箔《きんぱく》で覆われた王子の彫像がツバメと共に貧しい人々を助ける『幸福な王子』です。

抑えていた感情が爆発し、涙がとまらなくなる場面があります。やさしいツバメが王子の利

No.23

## 幸福な王子

他愛に共感し、王子の役に立とうとエジプトへ旅立つのをあきらめるところです。注釈によると、王子がツバメに「ぼくの剣からルビーをはずして」と頼むくだりは、多くの作家に影響を与えたギュスターヴ・フローベールの『聖アントワーヌの誘惑』という作品で、ブッダの若い頃であるシッダールタの姿を描いた場面からヒントを得たといわれています。そして解説によるとオスカー自身は『幸福な王子』の執筆意図に関して「優美さと想像的な扱いを目指す形式でもって悲劇的な現代の問題を扱う企てであり、現代芸術におけるひどく写実的な性格に対する反動である」と述べています。

彼が生きた19世紀の社会を独特のアイロニーで描き、詩人であり戯曲家でもあった彼の構成力の素晴らしさに、どんどん引きずり込まれます。彫像となった王子の鉛の心臓には体温が感

№.23

## 杉田かおる・選

じられ、ツバメからはその歌声が聞こえてくるようです。幸福な王子とやさしいツバメの愛他精神に満ちた美しい心は、幼い頃から大人の社会の中で生きてきて孤独だった私の心に、勇気を与えてくれたのでした。

そんなことをぼんやり考えながら、行きつけのコーヒー屋さんでコーヒーを飲んでいたら、向かいの屋根の巣から、ツバメの子供たちがハイスピードで、行き交う車をすりぬけ、飛び出して来ました。私はガラス張りの店の窓にぶつかってしまうのではとハラハラしました。そんな怖いもの知らずのツバメの子供たち、秋風が吹く頃には南へ向けて旅に出ることでしょう。また来年、大人になって無事に帰ってこられますように。

（2022年8月27日）

№.24

重松清・選

# わしらは怪しい探険隊

椎名誠＝著

角川文庫

大学生の頃、最も夢中になった書き手は椎名誠さんだった。一九八〇年代前半のことである。

「スーパーエッセイ」と称され「昭和軽薄体」とも呼ばれた椎名（愛読者としては「シーナ」と表記したいのが本音である）さんのエッセイは、とにかく伸びやかだった。自由奔放、天衣無縫、縦横無尽、融通無碍《むげ》、元気溌剌《はつらつ》、天下御免……要するにヤンチャなのである。語り口は

「である」と「です、ます」が混在するし、話題はあちこちに飛ぶし、「おれ」だったはずの椎名さんがいつの間にか「ワタクシ」になり、「わし」になってしまう。国語の作文の授業では「悪い例」として挙げられるものがテンコ盛りで、なおかつそれがたまらなく面白いのだ。

本書は、椎名さんの著作の中で最初に読んで、いまなお再読する頻度が最も高い一冊。文庫版刊行直後の一九八二年夏に読

№.24

## わしらは怪しい探険隊

んだ。僕は大学二年生だった。一人暮らしは二年目に入り、東京にもだいぶ慣れたものの、慢性的な寂しさや人恋しさを抱えていた頃である。そんなワカゾーにとって、椎名さんと仲間たちの繰り広げるドタバタ探険記は、まぶしいほどに光り輝いていた。

陰気な小安や依田セーネンといった個性豊かな（いまなら「キャラが濃い」になるんだろうな）面々の活躍に何度も腹を抱えて笑い、「しょーがないなあ」「なにやってんだよ、まったく」とあきれながら、残りのページ数がわずかになってくると、旅の終わりの切なさを感じて……。読んでいる間、僕もまた、椎名さん率いる怪しい探険隊の一員になっていたのだろう。

そしてなにより好きだった探険隊のメンバーが、小学六年生のフジケン。おとなに交じってキャンプをするフジケン少年の

№.24

重松清・選

姿と、それを描く椎名さんのまなざしが、ほんとうに素敵なのだ。特にエピローグにあたる箇所でのエピソードは、のちの椎名さんの名作『岳物語』の原点がここにあるのでは……と思わせるほど、じーん、と来る。

いまでも、ちょっと疲れ気味のときに本書を読み返す。十九歳で初めて読んだときと同様、五十九歳になっても、やっぱりフジケンの場面で胸が熱くなる。むしろいまのほうが、胸の深いところからじんわりと温《ぬく》もってくるようなのだ。

ところで、椎名さんの年譜などを参考に推測すると、フジケンは僕と同学年のようである。ということは、彼も還暦前後なのか。いやはや感慨深いものである。元気だといいなあ、フジケン。

（2022年9月3日）

№.25

神田伯山・選

# 師匠、御乱心！

三遊亭円丈＝著

小学館文庫

師匠と弟子というのは特殊な関係です。それゆえに世間の人は、師弟という響きに幻想と淡いユートピアを想像しています。しかしこの本は、そういう甘ったるい願望を根本からぶち壊す、非常に痛快な一冊です。

内容は、1978年の落語協会分裂騒動を描いております。昭和の大名人、三遊亭圓生が協会を飛び出し新しい協会をつくる。圓生の弟子である著者圓丈

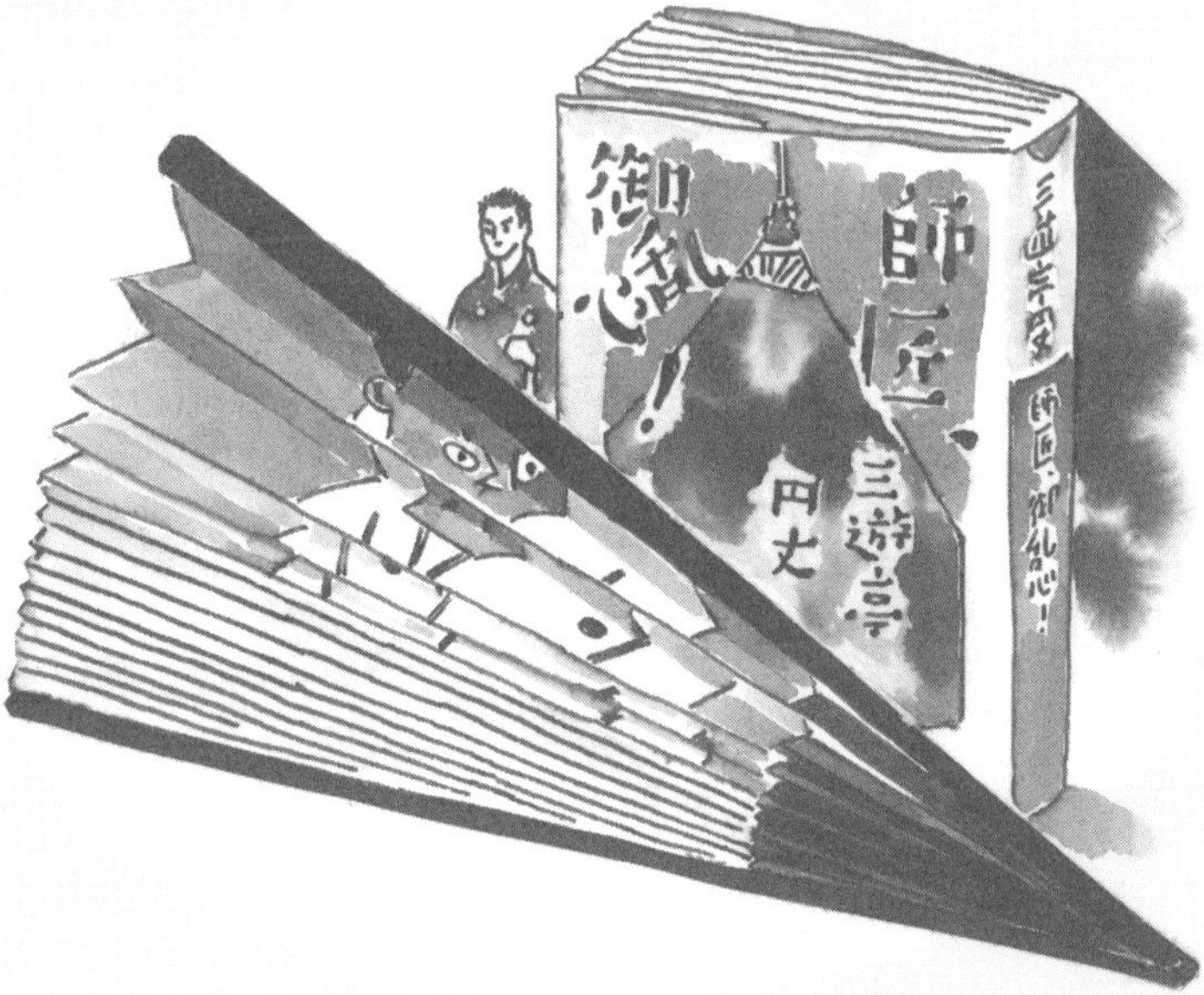


の心の葛藤が描かれております。つまりこれは師匠と弟子の関係性だけではなく、落語界の事件を圓丈師匠の目線で切り取ったものにもなっています。

これほど師匠に怒りを爆発させている弟子の本を私は知りません。わずかな期間弟子をしていて、破門になった恨みの本は数冊ありますが、後の圓丈師匠は新作落語家の大看板になります。それほどの人が自分の人生を昇華させるために、師匠との

№.25

# 師匠、御乱心!

関係性を書かなければいられない。特大の怨念《おんねん》と尊敬が入り混じった、非常に特殊な本です。

私は大学生の頃、神田の古書店で単行本だったこの本を見つけ、読んですぐに興奮しました。当時私は「噓くさいもの」がとにかく嫌いだったんです。でもこの本は人間味120%。喜怒哀楽全部のせで、実に人間くさいものでした。あくまで圓丈師匠の視点ですが、何者にも忖度《そんたく》しない文章に心惹かれたこともおぼえています。

本書は演芸に疎い人でも抜群に面白いはずです。個性的な人物が現れるのですが、特に笑点でお馴染《なじ》みだった先代圓楽師匠が、大変な悪役として出てきています。師匠だけでなく兄弟子までも、大変な槍玉《やりだま》にあがっているのです。

文庫化に際して、後日譚が加筆されています。先代の圓楽師

№.25

## 神田伯山・選

匠は本を怒りのあまり破り捨て、それでも続きが気になるからクズカゴから取り出し、その続きを読んでさらに破り捨てたという。誰が見ていたのかと圓丈師匠も突っ込んでいます。圓生師匠の敵として出てくる、人間が大きい先代の柳家小さん師匠が「この本は面白い」「俺のことが、書いてあるから面白い！ホラ、ここにもここにも書いてある」と言ったという仏様のようなエピソードも非常に趣のあるものです。

数々の落語作品を生み出してきた圓丈師匠。間違いなく本書も形は違えど後世に残る大傑作です。さらに今年の9月15日、本書にも登場する圓窓師匠もお亡くなりになりました。圓生師匠の直弟子は全員鬼籍に入ったことになります。

（2022年9月24日）

№.26

佐藤究・選

# 本当の戦争の話をしよう

ティム・オブライエン＝著　村上春樹＝訳

文春文庫

かつて私が育った町に、チェーン店ではない大きな書店があった。売り場は一階のみだが広々として、真夜中でも煌々《こうこう》と明かりを灯《とも》している様子は、人々の暮らしに確かな彩りを与えていた。書店は駅に通じる二つの通りに挟まれて建っており、一つのドアから入ってもう一方のドアから出ると、町並みの異なる別の通りに出られた。子供心にはただそれだけでも、何だかＳＦのタイムワープを経

験しているようで楽しかった。
その書店が、売り場の片隅にレンタルビデオのコーナーを設けたのは、一九八〇年代も終わりに差しかかった頃だった。映画をレンタルして家で観る、という新しい文化が生まれた。上映期間内に劇場に行かなくては観られなかった作品の数々が、少額のレンタル料で何度でも楽しめるのだ。
レンタルビデオのコーナーは、しだいに面積を拡大し、書籍の

№.26

## 本当の戦争の話をしよう

存在に追いつき、その居場所を侵食していった。やがてDVDという新たな媒体が登場して、ビデオテープは姿を消した。

ビデオテープがDVDに座を譲った時点で、活字と映像との戦いには完全に決着がついていた。私が通っていた書店はレンタルDVDのコーナーを増設し、書籍の売り場は縮小された。本の数が減った棚を目の当たりにしたときには、衝撃とさみしさをおぼえたものだ。今や本はおまけだ。人々は映画を借りて、ついでに本を眺めていく。それどころか、本にはまったく無関心な場合もある。私は心ひそかに、将来は小説家になりたいと考えていたが、時代の流れは明らかだった。これからは映像の時代が来るのだ。

そうした諦念を抱きつつ、私はその書店に通い、ある日、規模の縮小された文庫の棚で『本当の戦争の話をしよう』を見つ

№.26

## 佐藤究・選

けた。著者のティム・オブライエン自身によるベトナム戦争の追憶、村上春樹の翻訳。長編ではなく短編集だが、全体で一つの大きな流れを作っている。読み始めてすぐ、〈映像感覚〉の強烈さに打ち震えた。まるで脳内でＤＶＤが再生されているかのようだった。鮮やかな光景が浮かび、私は戦場に引きずり込まれ、著者とともに密林を前進し、仲間と語らい、嘆き、戦いに絶望していた。言葉の生む物語の力、小説が喚起する映像の力とは、これほどのものなのか。

育った町を去って十七年、あの書店はとうになくなり、レンタルＤＶＤ自体もすっかり衰退してしまったが、小説に秘められた可能性を教えてくれた一冊の本は、今も私の手元に残っている。

（２０２２年10月８日）

№.27

平野啓一郎・選

# おはん

宇野千代＝著

新潮文庫

大学生になって、小説家を志すようになり、私は自分の読書が男性作家に偏っていることを自覚し、努めて女性作家の本を読むようになった。その頃に強烈な印象を受けたのが、『おはん』だった。

『おはん』の主人公は、実質的には、語り手である彼女の夫である。で、どんな男かというと、これがもう、どうしようもない。

おはんと結婚していたが、おかよという年上の芸者に入れあ

げ、妻を実家に帰らせて同棲を始める。一応仕事をしているが、収入はほとんどない。ところが、七年ぶりに偶然、妻のおはんと町で再会すると、何となくムラムラしたように、今度、自分の店に来るように誘い、結局、間借りしているその家の座敷で、強引に撚《より》を戻してしまう。かつて捨てられたはずのおはんはおはんで、そのことを喜び、また夫の許《もと》に足繁《あししげ》く通うようになる。

おかよは、男を奪ったことに

№.27

## おはん

ついてはケロッとしていたが、この復縁には気がつかない。

男は、二人の間を行き来するのだが、妻と別居した時にいた悟《さとる》という小学生の息子には愛着を覚えて、結婚生活をやり直そうと決心する。しかし、それも優柔不断に迷い続け、おかよに別れを切り出すことが出来ない。いよいよ新居に引っ越す段になって、夕刻、おはんと二人きりになる。この時、悟は出かけたまま帰りが遅く、おはんは心配していたが、男は探しに行こうともせず、むしろその隙《すき》に体を求め、終わると今度はおかよの様子を見に行ってしまう。しかも、実はこの間に、悟は事故で亡くなっていたのだった。

ともかく、なかなか品良く要約するのが難しいほど最低な男なのだが、これがまた、一九五七年、著者五十九歳の時の作とは思えないほど生々しく、今の若者が読んでも、「いるーっ！

№.27

## 平野啓一郎・選

こういう人！」と身悶《みもだ》えするに違いない。

私は決して、この男に共感するわけではないのだが、そのだらしなさも小狡《こずる》さも、心当たりがないわけではなく、こういうことは、昔からみんな見透かされているのだと、作者に畏れ入った。

他方、おかよにせよおはんにせよ、不憫《ふびん》だがさすがにどうかと思うところもあり、決して被害者として美化されているわけではない。陰惨な話になりそうだが、作者の創作らしいどこの地方とも知れない方言はテンポがよく、戯画的で、人間の愛欲にまつわる悲喜《ひき》交々《こもごも》を巧みに表現している。

刊行時に既に「昭和文学の古典的名作」と謳《うた》われたのも伊達ではない。


（2022年10月15日）

№.28

アグネス・チャン・選

# フラニーとズーイ

J. D. サリンジャー＝著　村上春樹＝訳

新潮文庫

## カ

ソリックの家庭に生まれ、赤ちゃんの時に洗礼を受け、ミッションスクールに通い、私は神様の存在を当たり前のように受け止めていました。しかし、中学生になって、人間や神、生きる意味などについて悩むようになりました。キリストは本当に神なのか？　本当に私を愛しているのか？　みんな死ぬのなら、どうして生きるのか？

人生に意味はあるのか？

人生の真実は聖書にあると、

小さい時から言われてきました。中学校から本格的に聖書を学び、暗記するようになりました。いい教えがいっぱいありますが、理解できないところも多くありました。そのように迷っているときに、『フラニーとズーイ』を図書館で見つけました。

J・D・サリンジャーの連作小説で、グラス家の物語を描いています。グラス家には7人の天才兄弟姉妹がいました。子供の頃はラジオ番組を持っていた

No.28

## フラニーとズーイ

ほど有名で頭が良かったのでした。

物語は末娘フラニーが精神的に崩壊しそうになる場面から始まります。最終的に、五男ズーイの話によって、フラニーは何かを悟るのですが、私もある悟りを得たのでした。それが「ファット・レディー」の話です。

彼らが子供の頃、長男シーモアはラジオショーの本番に出かける前に、ズーイに靴を磨くように催促します。しかしズーイはスタジオの観客やアナウンサー、スポンサーからは見えやしないと反論したのでした。するとシーモアは「太った（ファット）おばさん（・レディー）のために靴を磨くんだよ」と言ったのです。

ズーイは納得して、靴を磨きました。なぜかというと、そのおばさんは「キリスト」だからです。そう、全ての人は神であり、キリストなんです。私は衝撃を受けました。

聖書にあった「自分を愛するように人を愛しなさい」「人を愛することは神を愛すること」などの言葉が理解できるようになりました。はっきりと書いてあるのに、愚かな自分はその本当の意味がわかっていなかったのです。そう、全ての人は神の子であり、神を愛するのなら、全ての人を平等に愛することこそが大事です。

「一冊の本をそこまで深読みするのはおかしい」と友達に言われますが、そこがこの本の偉大さです。深読みも浅読みも読者次第。私にとっては生きる意味を教えてくれた大切な一冊です。私の3人の息子も、中学生の時に読みました。

（2022年10月22日）

№.29

東畑開人・選

# 少年期の心

## 精神療法を通してみた影

山中康裕＝著

中公新書

名物教授であった京大の山中康裕先生に教えてもらったのは1年だけ。大学4回生のとき、雑然と散らかった教授室に、何度も卒論の相談をしに行った。そのたびに「定義は何だ！」と難詰され、冷や汗をかいたことをよく覚えている。出来の悪い卒論を携えて、私が大学院に進学すると同時に、先生は定年で退職された。その頃、私は青年で、先生は白髪の人だったのだ。

『少年期の心』を読んだのは、心理士になるためのトレーニングが大学院で始まってからのことだ。子どもの心理療法をする上で、この本はすでに古典だった。河合隼雄の本と並び、おそらくすべての大学院生が読んでいたと思う。

　描かれているのは犬《いぬ》噛《が》み道《どう》太《た》、口無し太郎、赤頭巾庭子、母恋い霧子などと名付けられた子どもたちと、まだ青年だった頃の先生との瑞《みず》々《みず》しい心の触れ合い

№.29

## 少年期の心

だ。そう、それはまるで児童文学だった。

ひとつ例を挙げるなら、口無し太郎がいい。場面緘黙《かんもく》症、つまり口をきかない7歳の少年の事例だ。当然、カウンセリングでも会話はなされない。だから、山中先生は太郎に絵を描いてもらったり、人形を箱庭に置いてもらったりする。言葉の代わりに、遊びで心を通わせる。太郎はカブトムシの絵を描き、緘黙状態にある硬い殻で覆った心を表現する。潜水艦や蛇のミニチュアを箱庭に置いて、隠されていた怒りを表現し始める。そうしているうちに、実生活でも変化が起きる。教室で消しゴムの欠片《かけら》を周りに向かって投げ始めたのだ。

問題行動だ。担任は困る。でも、山中先生は言う。「これこそ、太郎にとって、言葉を発する前兆だ」。消しゴムは殻を突き破って発された太郎の心なのだ。もう少し見守ってほしい。実際、その直後に太郎は初めて言葉を発することになる。

喋らなかった少年が喋るようになる。行動だけ見ればシンプルだが、その裏で少年は心の物語を生きている。カブトムシの殻を破って、潜水艦が消しゴムの大砲を発射する。そういうもう一つのリアリティーを、山中先生はまなざし続ける。

かつて、臨床心理学は文学と共にあった。瑞々しい言葉で心の物語がそのまま描かれていた。臨床心理学自体が青年期だったのだろう。今では臨床心理学も中年になって、硬い専門用語で自らを武装するようになった。それでも、この本を読み返すと、日々の臨床に溢れる心の物語が生のままで、「心とは何か」をきちんと伝えてくれることを思い出すのである。

（2022年11月12日）

№.30

村井理子・選

# アルジャーノンに花束を 新版

ダニエル・キイス＝著　小尾芙佐＝訳

ハヤカワ文庫

私には身体的にも知的にも、重い障害を持つ叔父がいた。小学校を卒業し、養護学校に数年通った後は、家族と暮らしていた。私の母は叔父をとても愛しており、祖父が亡くなり、祖母が高齢となって彼の面倒を見ることが出来なくなると、当然のように彼との同居を決めた。父も兄も私も、それに反対することはなかった。叔父は穏やかで優しい人だったし、彼の生活を祖母一人で支えることは不可

能だったからだ。

祖母、叔父、そして私たち家族の同居がはじまったのは私が小学校低学年の頃で、最初は何の問題もなく、誰もが新しい家族の形態をすんなりと受け入れた。叔父も幸せそうに見えた。

しかし、一年ほどが経過すると、叔父が私に苛立《いらだ》ちを募らせるようになった。私の友達が遊びに来ると、うるさいと怒鳴った。私が楽しそうに笑ったりすると、激怒した。私が成長すればするほど、彼は私を嫌うようになった。そんなことが続き、私も彼を避けるようになったある日、祖母はこう言った。「叔父さんは寂しいのよ」。幼い私はその意味が理解できずに、理不尽だと腹を立てた。

本書の主人公チャーリイ・ゴードンは知的障害を持つ青年だ。賢くなって、友達とおなじようになりたいと願っていた。親戚の知り合いが営むパン屋で真面目に働きながら、知的障害者の通う教室で学んでいた。そして、このクラスの担任であった教授の勧めで、脳の手術を受けることを決意した。先にこの手術を受けたハツカネズミのアルジャーノンが、驚くべき能力を発揮するようになっていたのだ。

手術を受けた彼は数カ月で天才となり、知識を得ることの楽しさを知る。同時に、それまで自分が受けていた職場でのいじ

№.30

## 村井理子・選

めや、知的障害者ゆえに母親に捨てられた過去を理解し、苦悩する。精神年齢が知的な発達に追いつかず、周囲との軋轢《あつれき》が徐々に増えていく。やがて、面倒を見ていたアルジャーノンに変化が起こり、それを目の当たりにしたチャーリイは、自らの運命を悟るのだった。

本書を読んで初めて、私は叔父の変化の意味を理解したような気がしている。叔父は私に怒りを募らせていたのではなく、友達だと思っていた私が、彼をどんどん追い抜くように成長し、外の世界に羽ばたいていく様を見て、悲しかったのだ。その悲しさが苛立ちに変わっただけだった。私という存在は彼にとって初めての友達であると同時に、外の世界を映す鏡だったのかもしれない。

（2022年11月26日）

№.31

南果歩・選

# 100万回の言い訳

唯川恵＝著

新潮文庫

結婚生活の正解は誰が決めるのか。それは当事者の二人以外にはない。

結婚して7年が過ぎたアラフォー夫婦、士郎と結子は共働きでそれぞれの社会を持っている。子供を持つタイムリミットを感じているのは妻だけで、夫はまだ我が身のこととは感じていない。拠《よんどころ》ない理由で別居することになった時に、それぞれの人間関係が動き出す。それは隣にいるパートナーの視線が遠ざかり、

心のたがが外れたからかもしれない。結婚しているからと言って、異性に惹かれることもあろう。生身の人間だもの、分からないでもない。生きている人間には抗《あらが》えない衝動もある。一度は事故、二度目からは確信だ。しかしそれならば結婚している意味は一体何だろう。一人の人と人生を共にする意味とは何なんだろう。

　士郎の気持ちを穏やかにしてくれるのは、馴染《なじ》みの食堂で働く、若くしてシングルマザーになった志木子。結子もデザイン会社の後輩、陸人との関係が反目から同志、それ以上の感情に進む。

二人が出会い、交際し、自然に結婚に向かっていた頃は、結婚がゴールだったはず。しかし結婚生活はどちらかが亡くなるか、やめるかを選択するまで続くのだ。それは平坦な道ばかりではない。

この小説が私の心に残る要因は、主人公が一人だけではないところにもある。章ごとに、結子、士郎、陸人、志木子が主となり、それぞれの心情と人生にフォーカスしていく。その上で人間関係が絡んでいく面白さ。誰かに注目してもらわなくても、みなそれぞれが自分の人生の主人公なのだ。これを２００３年に生み出していたとは、早い。唯川さんの、主軸となる四人の

№.31

## 南果歩・選

描写、そこに関わる人々の人生をも感じられるこの小説は、今や主流となった配信ドラマの定義に近い。登場人物がみなそこに存在する意味を持っている。

夫婦にしか分からないこと、夫婦だから理解できないこと、夫婦でありながら夫婦の形を探していく物語だ。

自分で選ぶ家族には自身の責任がついてくる。途中でやめるのは簡単なことなのかもしれない。続けていくことに困難があったとしても、続けた夫婦にしか見られない景色があるのだろう。その景色を見たいか見たくないかも自身の選択だ。

結婚することよりも続けることの難しさ。当時、この小説の映像化を強く望み、唯川さんにお手紙を認《したた》めたことも思い出だ。結子を演じることはもうできないが、実現させたいと今も思っている。

（2023年2月18日）

№.32

君塚直隆・選

# 火曜クラブ

アガサ・クリスティー＝著　中村妙子＝訳

クリスティー文庫

「ミス・マープル」。この名前はクリスティー・ファンのみならず、世界中のミステリー好きに愛される響きを持つ。クリスティーといえばかのエルキュール・ポワロを真っ先に思い浮かべるかもしれない。筆者もかつてはそうであった。しかし、短編集ながらもミス・マープルがはじめて登場したこの『火曜クラブ』を中学生の時に読んで、その印象がガラッと変わってしまった。

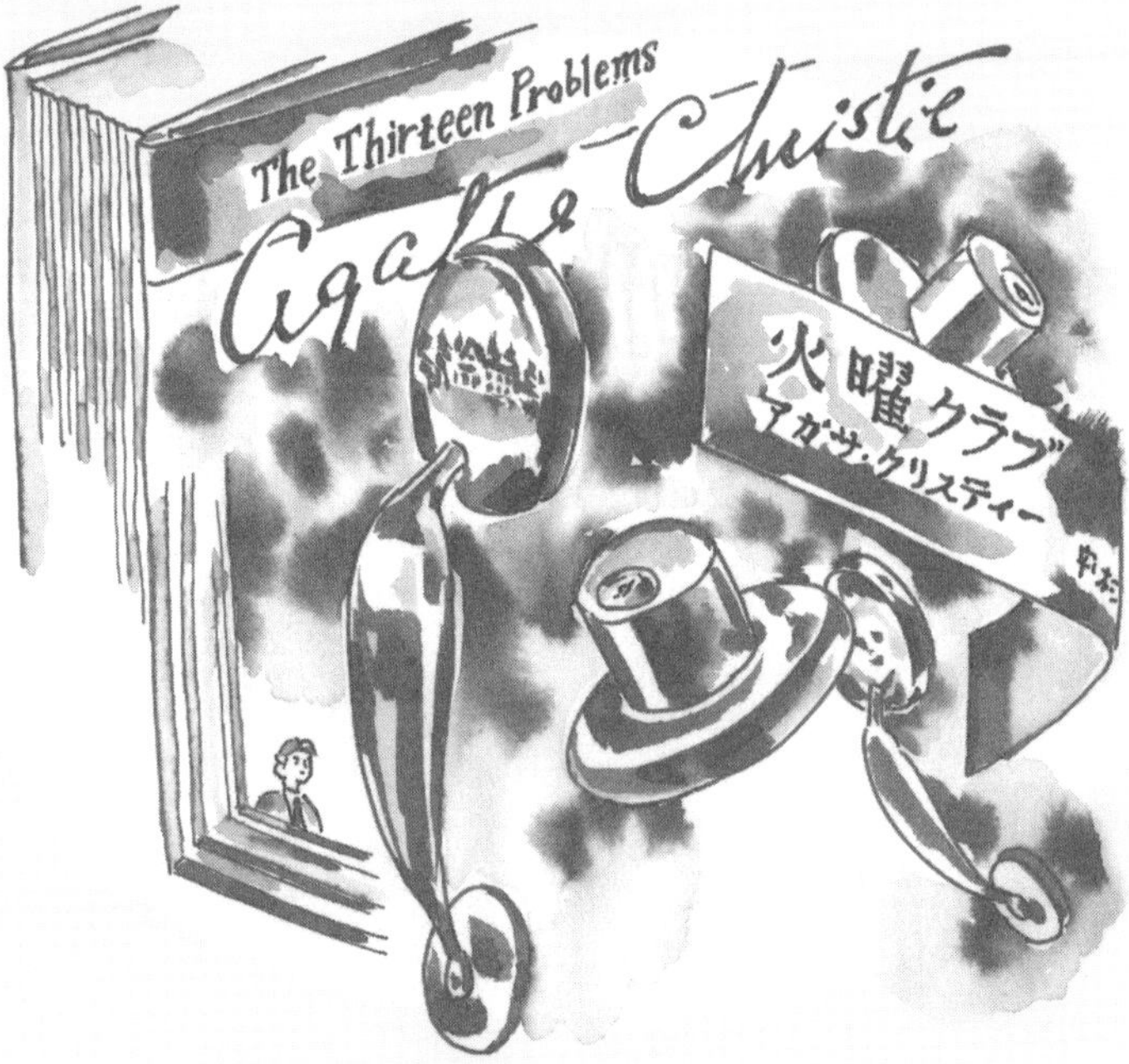


前半の物語は、ミス・マープルの甥で有名作家のレイモンド・ウェストが、友人を集めて「迷宮入りの殺人事件」について各《おの》々《おの》が語り合うところから始まる。参会者は元警視総監のサー・ヘンリー・クリザリングをはじめ、イングランド国教会の牧師、弁護士など。イギリスでは貴族やジェントリといった地主貴族《ジェントルマン》階級を最上に、そのすぐ下に位置する専門職《プロフェッション》階級という上層中産階級がある。彼ら

はまさにこの階級に属するエリートたちである。

最初は部屋の片隅で編み物をしながら各人の話を聴いているミス・マープルのことなど「無視」していた参会者たちも、誰ひとり迷宮入り事件の真相にたどり着けないなか、次々と事件を「解決」してしまうこの老婦人に唖然《あぜん》とさせられる。そしてミス・マープル自身が語り出す「聖ペテロの指のあと」の謎を解けたものなど誰もいなかった。

後半の物語は、ミステリー・ファンにはおなじみだが、ミス・マープルが住むセント・メアリ・ミード村の名士で退役陸軍軍人のバントリー大佐の屋敷で繰り広げられる。今回もサー・ヘンリーをはじめ、医師や女優などが集って各々に迷宮入り事件を語り合っていく。そして今回もすべて、ミス・マープルが解決してしまう。

№.32

## 君塚直隆・選

「レディ・ファースト」の国などと言われるイギリスではその実、老人や女性は表面では敬われるものの、あくまでも「弱いもの」として扱われる。ましてや品のいい田舎の老婦人ともなればそうだ。ところがその小さな村に住む老婦人が、大英帝国の中核を支えるエリートたちを相手に、次々と鼻を明かしていく瞬間は、まさに痛快である。

おもえばクリスティーが生み出したもうひとりの傑物ポワロも、ベルギーから移り住んで、フランス語まじりの英語を話す奇妙な小男として描かれている。一見すると「弱者」に見えるものこそが実は「最強」なのだというクリスティー文学の神髄がここには秘められているのかもしれない。英国史を学んでそれを実感したこの頃である。

（2023年3月25日）

№.33

三木那由他・選

新版
# 枕草子
現代語訳付き

清少納言＝著　石田穣二＝訳注

角川ソフィア文庫

『枕草子』にハマったのは中学のころだった。不登校の時期があったり、そうでないときにも学校を休みがちだったりした私は、よくひとり自宅で本を読んでいた。そうして出会った本のなかに『枕草子』があった。

『枕草子』というと、優れた美意識で風景などを描写する「をかし」の文学で……というのが、読む前に抱いていたイメージだった。要するに何かしら風流でった。

優雅な本なのだろうと思っていた。けれど、読んでみるとイメージとはぜんぜん違う。ときに意地悪に、ときに愛嬌《あいきょう》たっぷりに、生き生きと身の回りの出来事を語る清少納言の筆致は、「優雅」というよりは、むしろ皮肉や毒舌がたまに混じる面白おかしい軽妙なエッセーだ。

　なぜかやたらと鶯《うぐいす》を辛辣《しんらつ》に批評したり、帝《みかど》に地獄絵を見せられそうになって逃げ回ったり、清少納言の語り口の楽しさに笑

№.33

## 枕草子

っているうちに、だんだんとそれが千年ほども前の本であることを忘れそうになる。まるで清少納言や中宮定子、淑景舎《しげいさ》の女御原子、帝といった人物がいまもどこかでにぎやかに暮らしているかのようだ。

なかでも、定子とのエピソードの印象深さは別格だ。初めて定子のもとに参上するも緊張して定子の前に行けない清少納言のもとに、定子自らやってきていろいろな絵を見せて話しかけるという出会いの場面。このたまらない可愛さ！　定子が「私を愛してくれる？」と問い、清少納言が「それはもう」と答えるところなんて、何度読んでも胸がどきどきする。

たぶん私は、清少納言と定子のやり取りに、女性同士の恋愛交じりの絆を読み込んでいた。それはもちろん、ふたりの実際の姿というより現代の私が勝手に投影したものなのだろうけれ

№.33

## 三木那由他・選

ど。だから『枕草子』は、自分のセクシュアリティーに悩んでいた当時の私にとって、ちょっとした慰めでもあったように思う。

「一番とは言わないが可愛がってあげようか」と投げかける定子に「最下位であっても」と清少納言が返し、定子が「情けない。一番に愛するひとからは自分も一番に愛されようと思うべきでしょう」といったことを言い出すシーンなんて、あまりにふたりの関係が愛《いと》おしくて、このふたりがもうこの世にいないという事実が無性に悲しくなり、泣き出してしまいそうになる。それと同時に、ふたりが確かに生きていたこの世界が、少しばかりきらめいて感じられるのだ。

（2023年4月15日）

№.34

早見和真・選

# 麻雀放浪記

※文春文庫からも刊行

阿佐田哲也＝著

角川文庫

四十五歳という僕自身の年齢のせいだろう。ここ数年、同世代の編集者たちが、出世や異動を理由に担当を離れていく。もちろん心細くはあるけれど、新しくついてくれる二十代の編集者たちと話しているのはとても楽しい。

若い彼らは「出版」という仕事に淡い期待を抱いていない。僕らの時代はまだ出版に甘い香りが漂っていて、それに釣られた山師のような者たちがかろう

じて存在していたが、いまの二十代にそれはない。「本など簡単には売れない」という前提を共有しつつ、それでも好きで仕方のなかった世界に身を投じた者が多いように思う。

つまりは「好き」を優先させた者たちだ。学生時代の読書量はかなり豊富で、とくに古典や外国文学に数多く触れてきているのは心強い。一方で、そのときどきの社会を象徴するような大衆文学にはそれほど触れてい

№.34

## 麻雀放浪記

ない気がする。たとえば『麻雀《マージャン》放浪記』をすでに読んだことがあるという二十代とはまだ出会っていない。

終戦直後、学生服に身を包んだ主人公の〝坊や哲〟が、いかさまを含めた麻雀の技術だけで混沌《こんとん》の世を生き残ろうとする、いわゆるピカレスクロマンだ。作中に牌譜《ぱいふ》が出てくるのが特徴的な阿佐田哲也の代表作ではあるが、麻雀シーンよりむしろ悪臭漂うかのような人間ドラマに魅了され、学生時代には何度も読んだ。

「将来、どんな小説を書きたいか」といった質問を受けるとき、僕はこのタイトルを挙げることが多い。しかし『麻雀放浪記』のような「どんな小説」を書きたいと自分が思っているのか、うまく説明できないでいた。

ヒントをくれたのは、麻雀はもちろん、本の存在すら知らなかった若い女性の編集者だ。「傍《はた》から見ればクズばっかりなんでしょうが、途中から登場人物が全員魅力的に見えてきて、面白かったです」

そうか……と思った。僕は遮二無二生き延びようとする人間に魅せられるのだ。生き延びるためだけに目の前の牌とただ向き合う、そんな泥臭い人間模様をいつか書きたいと願うのだ。

それを令和のこの時代に、どう描けばいいかはまだわからないが、彼女との最初の仕事は『麻雀放浪記』が下敷きになるのは間違いない。

その手始めに……というわけではもちろんないが、今月、彼女の麻雀デビューに立ち会うことになっている。

（2023年5月6日）

3

# 〈みんな〉と生きる

№.35 − №.50

№.35

矢部太郎・選

# マンガの描き方
## 似顔絵から長編まで

手塚治虫＝著

光文社知恵の森文庫

二十年ほど前、『進ぬ！電波少年』というテレビ番組で、外国に一人で行って住み込み、その言語を学習してネタを作って、現地の人を笑わせよう！という企画に出演しました。アフリカの村の皆さんと心を通わせ、少しずつコミュニケーションを取れたのは、この『マンガの描き方』を読んでいたおかげでした。特にサブタイトルの〝似顔絵から〟のおかげでした。

出会ったばかり、英語も通じない、村の人も僕も、なにをどうしたら良いかわからない……。僕は落ちていた棒切れで、大地に村の人の顔の絵を描いてみたんです。誇張して描いた似顔絵からは笑顔が生まれ、一気に距離が縮まりました。棒で目や鼻を差すとその言語での名称を教えてくれて、僕は急いでノートにメモを取りました。こうして僕は描ける限りの村人の顔を大地に描きました。あらゆる物、

№.35

## マンガの描き方

動物を描いて名詞を知り、漫画的な動きの表現でたくさんの動詞を知り、表情のある顔から感情表現を学びました。それらを組み合わせ、文法を想像し、会話を作りました。あれは漫画的表現が言葉の壁を越えるということを強く感じた体験でした。

その体験も大きいのですが、この本が自分にとって決定的なのは、後半の「ふろく」という箇所のためです。僕の人生において決して忘れてはいけないものとして、何度も何度も読み返してきました。その部分、全然「ふろく」じゃないんです！

そこでは「どんなものを、どんなふうに描いてもいいのだ」としながら「漫画を描くうえで、これだけは絶対に守らねばならぬことがある。それは、基本的人権だ」と書かれています。

〈基本的人権だけは、だんじて茶化《ちゃか》してはならない。それは、

№.35

## 矢部太郎・選

一、戦争や災害の犠牲者をからかうようなこと。
一、特定の職業を見くだすようなこと。
一、民族や、国民、そして大衆をばかにするようなこと。〉

この三つだけはプロもアマも必ず守ってもらいたい、読者からも注意し合うようにしたいと手塚先生は言います。手塚先生のこの言葉は、漫画だけでなく何かを表現しようとする人間全てが忘れてはいけない言葉だと思います。そして表現を受け取る側も、全ての漫画を読む人も忘れてはいけない言葉だと思います。この本は「漫画の描き方」でありながら「漫画の読み方」を教えてくれる本でもありました。

(2022年8月20日)

No.36

齋藤孝・選

# カラマーゾフの兄弟

ドストエフスキー＝著　原卓也＝訳

新潮文庫

※光文社古典新訳文庫などからも刊行

クイズです！　この本に芥川龍之介の『蜘蛛《くも》の糸』とそっくりな話が出てきますが、切れるのは蜘蛛の糸ではなく何でしょうか？

ドストエフスキーに惚《ほ》れ込んで、四十数年。どんな時も、この本を読めば落ち着いた。20歳前後、「人生いかに生きるべきか」ばかり考えていた私にとって、この大傑作は救いだった。これほどの深さで人間を描くとは！

敬虔《けいけん》な三男アリョーシャが、尊敬するゾシマ長老の死を巡り悩んだ果ての場面。「大地にひれ伏した彼はかよわい青年であったが、立ちあがったときには、一生変らぬ堅固な闘士になっていた」。この文に興奮した私は真似をした。

　無神論的な次男イワンがつぶやくセリフ。「人生の意味より、人生そのものを愛せ、というわけか？」。人生の意味を考え過ぎ、身動きできなくなっていた

№.36

## カラマーゾフの兄弟

私には、座右の銘になる言葉だった。

大審問官がイエスの再来に、「(お前は)人間の心の王国に自由の苦痛という重荷を永遠に背負わせてしまったのだ」と言い放つ場面には戦慄《せんりつ》した。

退役二等大尉スネギリョフは子どもの誇りのため、喉から手が出るほどほしい紙幣を踏みにじる。道化は悲劇！　息子のイリューシャの切なさには泣けた。

２００９年、宝塚が『カラマーゾフの兄弟』を上演するのに合わせ、大阪の公会堂で宝塚の方々とステージに立ち、私が選んだ名場面を、お客さんと音読した。グルーシェニカにしてやられたカテリーナが言う「あれは虎だわ！」が迫真。関西人の表現力は、ワールドクラス！　奇跡のドストエフスキー劇場だった。

№.36

## 齋藤孝・選

昨年明治大学の授業で学生にやってもらったコント『カラマーゾフの兄弟』は大爆笑だった。全編ショートコントでつなぐ試みは、世界初では？　ドストエフスキーのユーモア感覚を引き出せた。

アリョーシャがコーリャ少年にかけた言葉、「しかし、全体としての人生は、やはり祝福なさいよ」は、心に沁《し》みる。

十数年前、小学生二百人と一緒に音読したラストシーンの「カラマーゾフ万歳！」は今も耳に残っている。

クイズの答は、なんとネギ。探してみてください。

最後に。亀山郁夫先生訳の光文社古典新訳文庫版がミリオンセラーになったことは日本の希望。こんな深い大長編の新訳がこれほど売れるとは！

（2022年6月11日）

№.37

宋美玄・選

中島らもの特選

# 明るい悩み相談室
その1

中島らも=著

集英社文庫

中島らもさんを知ったのは高校生の時。口の悪い友人に、「地元の超進学校、灘高校を卒業したのに、エリートコースを外れているすごく面白い人がいるから読んでみ」と言われて、らもさんの本を借りたのがきっかけでした。同じ神戸市東灘区の出身で、幅広いジャンルの知識と、周りの人たちのおもしろ話がちりばめられたエッセーや小説の数々を受験生なのに読みふけっていました。そ

の中でも今読み返して改めてすごいなと思うのは、「中島らもの明るい悩み相談室」シリーズです。新聞の超人気連載をまとめたもので、30年近く前に朝日文芸文庫（当時）から刊行された本です。寄せられるお悩みの大半は所謂《いわゆる》下ネタだったそうですが、実際に取り上げられたのは、ありそうでなさそうなちょっと突拍子もない内容。らもさんは真面目に答えたり、時には全然答えになっていなかったり

№.37

# 明るい悩み相談室　その1

しますが、どれも「そうくるか」と笑えるものです。

6歳の子供からの平仮名で書かれたお悩みに、いつもの調子の回答を平仮名で書かれるなど、相談者への優しさに溢《あふ》れています。自分の作ったご飯を食べ終わって「ごちそうさま」と言うと同居の義母に「おそまつさま」と言われて腹が立つ、という悩みは、今の時代ならSNSで共感を集めてバズり、大勢で義母を断罪する流れでしょうが、らもさんの回答は「『神さん仏さん、ごちそうさま』と言うようにしましょう。神に代わって『おそまつさまでした』とは言えないはずです」という、ここで神様を出してくるか、というものでした。らもさんの回答はいつもなるほどという視点で、誰も傷つけません。

最近話題になる悩み相談は、相談者を回答者がバサッと断罪して、読み手にカタルシスを起こさせるようなものが多いです

№.37

## 宋美玄・選

が、この相談室は気の利いた回答で読み手を唸《うな》らせようとする趣旨のものではなく、中毒性が低いところも、今の時代に読むと新しく感じられます。連載当時としては配慮された書き方ですが、ジェンダー的に気になる部分が散見されるので、今ならこう表現するのがいいのかな、と頭の体操をしながら読むのもおすすめです。とはいえ、もしらもさんが今ご存命だったとしたら、炎上するようなことはされなかったと思います。らもさんは面白さと不謹慎の境界のバランス感覚に優れた方でした。らもさんが時代の進化にどう対応されるのか、ぜひ知りたかったです。

（2022年6月18日）

№.38

たかまつなな・選

# 二十一世紀に生きる君たちへ

司馬遼太郎＝著

司馬遼太郎記念館

成績も良くない。お笑い芸人になりたいが、両親に猛反対されたうえ、お笑いの大会で結果を残せない。高校生の私は、毎日、自分の将来に苦しんでいた。自分は、一体何者になりたいのか。お笑いを通して社会問題を発信したい。でも、本当にそんなことができるのか。もう全て投げ出して、消えたい。そんな悩める青春時代に、偶然立ち寄った大阪の司馬遼太郎記念館で手に取り、涙を流した。

それが、私とこの本の出会いだ。

「私には、幸い、この世にたくさんのすばらしい友人がいる。歴史の中にもいる。（中略）私の日常を、はげましたり、なぐさめたりしてくれているのである。だから、私は少なくとも二千年以上の時間の中を、生きているようなものだと思っている」という文章に衝撃を受けた。歴史上の人物が友達という発想はなかった。

「女性なのに生意気だ」という

№.38

## 二十一世紀に生きる君たちへ

批判に、女性の参政権の獲得に大きく貢献した市川房枝はどう励ましてくれるだろうか。「夢がでかすぎる」という揶揄《やゆ》に対して、天下統一を夢見た織田信長はなんと言うだろうか。視野が一気に広がった。歴史を知ることで友達が増え、その友達を知ることで自分の悩みがちっぽけに見えてきた。勉強する意味も分かった気がする。

この本は、歴史小説家の司馬遼太郎が、小学校6年生の教科書向けに書いた文章で、直筆原稿も収録されている。「長編小説を書くほどのエネルギーがいりました」というぐらい、推敲《すいこう》を重ねている。

司馬遼太郎は、自分の人生の持ち時間が少なく、21世紀というものを見ることができないことをさびしいと言った。そして「未来」の担い手である若者に、歴史から学んだ人間の生き方の基本的なことを伝えている。人間は孤立して生きられるようにつくられていない。だから「助け合い」の大切さを説いている。助け合いの行動の元には、「いたわり」「他人の痛みを感じること」「やさしさ」があると。それは訓練して得られるものだという。

分断された社会。格差が広がる社会。コロナで孤独を感じる日々。今こそ、この本を読んでほしい。助け合う社会を作るため、私は時事ユーチューバーとして、社会課題の現場に取材に行き、伝え続ける。諦めそうになった時、司馬遼太郎は、きっと私を励ましてくれるだろう。

本作は『十六の話』（中公文庫）、『司馬遼太郎が考えたこと14』（新潮文庫）にも収録されている。

（2022年8月6日）

№.39

谷口真由美・選

# タテ社会の人間関係

中根千枝＝著

講談社現代新書

大学2回生（1994年）の頃、「女」で「前例がない」という、たったそれだけの、しかしたいそう根深い理由により、同級生の多数決で推挙された大学祭委員長という役職につくことを、先輩たちから否定される経験をした。そのときに出会ったのが、中根千枝の『タテ社会の人間関係』であった。高度経済成長期の1967年に発刊されたこの本は、バブル崩壊の影響を受け始めた90年代前半

の社会にあっても、本質的な部分で何ら変化していないことを感じさせた。そして現在でも、日本社会が閉《へい》塞《そく》していった大きな要因は、さほど変化していないものなのだと実感する。

　それは、日本社会における、「タテ」「ヨコ」、「ウチ」「ヨソ」という分析の軸が、いまでも通用することからもいえるだろう。発刊当時と大きく違う点は、企業において終身雇用という制度がもはや崩壊したにもかかわらず、年功序列や学歴社会といった根強い序列偏重が、大枠として強固に存在し続けていることであろうか。いまだに、序列の意識なしには着席することができないし、話すこともできない（敬語のデリケートな使用、発言の順序・量など）。それができない者は、「わきまえない」という認定をされるわけである。

中根は、「他の国であったならば、その道の専門家としては一顧だにされないような、能力のない（あるいは能力の衰えた）年長者が、その道の権威と称され、肩書をもって脚光を浴びている姿は日本社会ならではの光景である」と指摘し、「それは、彼がその下にどれほどの子分をもっているか、そして、どのような有能な子分をもっているか、という組織による社会的実力（個人の能力ではない）からくるものである」と本書で指摘している。55年前に中根が述べたことは、こんにちの日本の組織

№.39

## 谷口真由美・選

のことかと錯覚するではないか。

本書のいう「タテ社会」を、より深く考えさせられる出来事が昨年、私自身の身に起こった。読み返しながら、そのことを本に著しているさなかに、中根の訃報を知った。1926年生まれの女性、東京大学名誉教授。中根自身がタテ社会の人間関係で、悔しい思いをたくさんしたことは想像に難くない。それをこれだけ冷静に分析できるなんて、と、学生時代にはわからなかった読み方ができるようになったのは、私自身の経験値があがったということか。中根の遺《のこ》してくれた素晴らしい研究が、色あせる社会が早くくるよう、できることをやるしかないと改めておもう。

(2022年8月13日)

№.40

パトリック・ハーラン・選

# ヤバい経済学

増補改訂版

スティーヴン・D・レヴィット、スティーヴン・J・ダブナー＝著
望月衛＝訳

東洋経済新報社

最近、こんなジレンマが話題になった。コロナ感染対策として、東京都はPCR検査を促進するため民間クリニックに、キット代金や送料に加えて、1回の検査当たり3000円の「諸経費」を支払う制度を作った。領収書もいらないから、とにかく多くの人に検査してもらおうと。検査数は急増した。だが、一部のクリニックは商品券を配って「集客」し、それを目当てに同じ人が1日に何回も

検査を受けるようになった。「予防効果なしの、唾液と商品券の交換なだけじゃないか！」とメディアが騒いだが、本書を読んでいる人は誰もがこうなると推測していたはずだ。

　人間はインセンティブ（動機付け）に敏感だ。これは、経済学の基本中の基本。僕も大学の授業でも習った……つもりだがこの本を読むまで、その意味があまりしっくりこなかった。しかしここに記されている実社会からの例とちょっぴり皮肉った解説を通すと、ドライな学問がとても面白くなり、教訓もしっかり身に付くのだ。気に入っているのは僕だけではない。世界で400万冊も売り上げたベストセラーだ。

日本人にとっても身近なトピックがある。それも「ズル」を取り上げた第1章に登場する相撲の話。過去の場所のデータを洗い直し、相撲は本当に「ガチンコ勝負」なのかどうかを調べたものだ。スポットを当てたのが、勝ち越しがかかっている7勝7敗の力士と、すでに勝ち越している8勝6敗の力士の千秋楽の取り組み。成績を考えると、8勝している方がより強くてだいたい勝つはずだが、実際には7勝の力士の方が8割もの勝率を見せていた。八百長の直接的な証拠はないが、はっきりした「取引」がなくても、8勝の力士が「今回負けてあげると、自

№.40

## パトリック・ハーラン・選

分の勝ち越しがかかっている取り組みのときに空気を読んでもらえるだろう」と「忖度《そんたく》」していることが十分考えられる。

ＰＣＲ検査問題に近いのが、(また違う本に載っている)中国の化石採掘の話。アメリカの恐竜博士が「化石1個にいくら」というご褒美制度で地元の方に発掘を促進しようとした。もう結果がわかるよね？　数で儲《もう》かる制度だから、せっかく大きな化石を見つけても、みんなそれを砕いて、複数として提出していたのだ。恐竜よりも先に人間性を掘り起こしたようだ。

『ヤバい経済学』を読むと、やばい制度、やばい政策を見出《みいだ》すのが本当に楽しくなる。商品券でもあげるから、ぜひ読んでみてください！


(2022年9月10日)

№.41

辻愛沙子・選

# スイミー

レオ・レオニ＝作　谷川俊太郎＝訳

好学社

小さな頃に読み聞かせをしてもらった本の中でも、この一冊だけは特別なものとしてずっと鮮明に記憶に残っていました。１匹だけ周りの魚たちと色が違うスイミー。集団行動が苦手で、〝自分の居場所〟に悩んできた子ども時代の自分にとって、違いを力として描くスイミーの大冒険は大きな救いの物語だったように思います。

みんなと違うことや目立つことをあまり好まない日本社会。

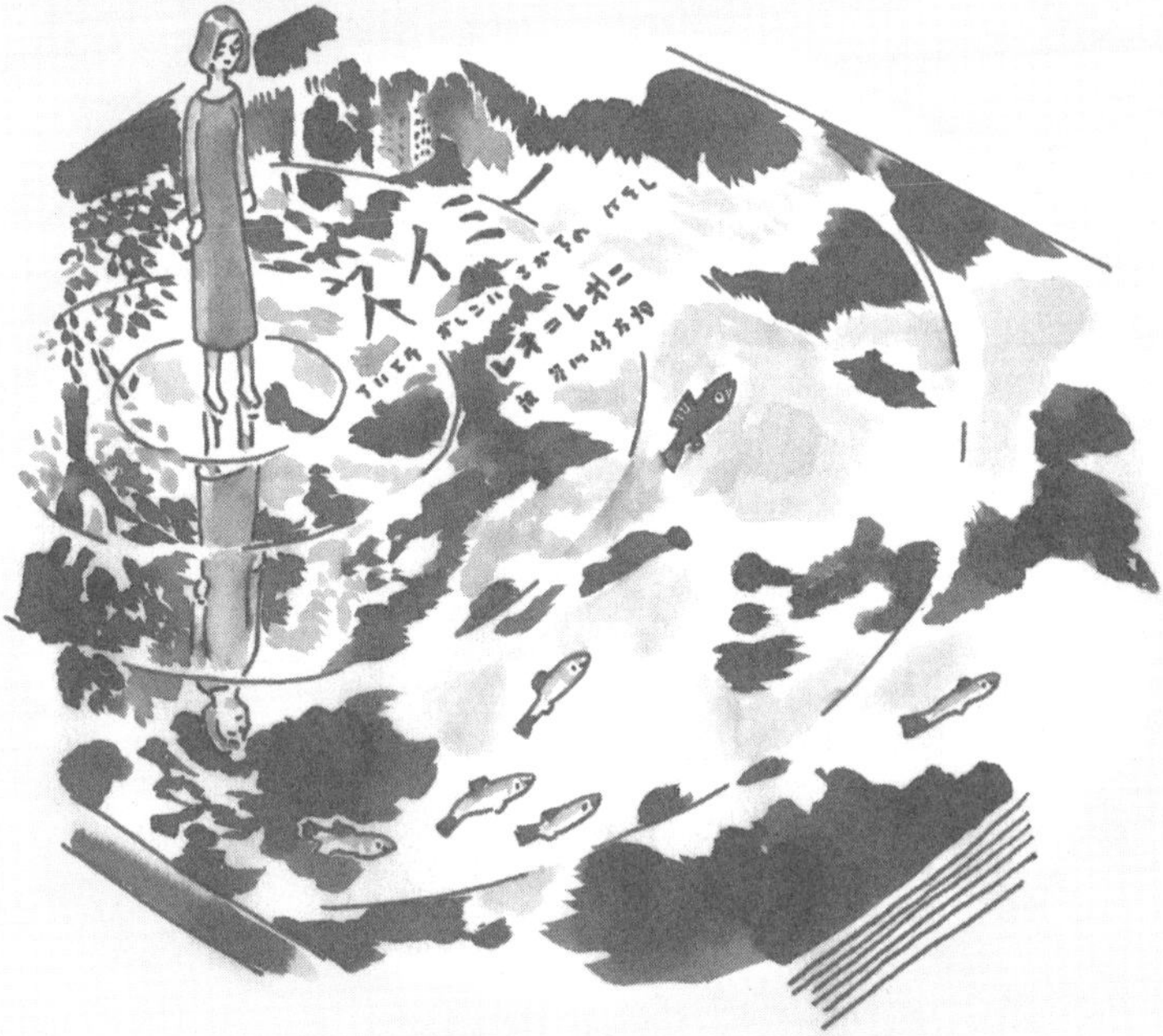

協調性を重んじ前例に則《のっと》って行動することが、波風を立てず生きる処世術なのであろうと幼心に感じていました。一方で、常にあちこちに興味が湧き、世の中のあらゆることに「なぜ？これは何？」と疑問を持ったと思いきや、今度は黙々と寝食も忘れて絵を描き続ける。得意科目は学年1位の成績をとっても、苦手科目は常に赤点。じっと同じ環境に留まることが苦手で、好奇心と刺激に溢《あふ》れた〝ここで

№.41

## スイミー

はないどこか〟を常に探していたような子どもでした。ADHD（注意欠陥多動性障害）の特性を持つ私は、みんなと同じであることがあまり得意ではなかったのです。

広い広い海の中を、たった1匹で泳ぎ進んでいくスイミー。大きな見たこともない生き物たちに次々出会い、世界はこんなにも多様で、こんなにも美しいのかと心を踊らせます。中学校時代の自分に重なるように思うのです。

中学校を自主退学して単身で海外に飛び出し、様々な国の子どもたちが集まる学校で寮生活をしていた中高時代。学校をやめた時は「女の子〝なのに〟ヤンチャね」と嫌みを言われたり、不良の道に進んでいくと噂されたりしたこともありました。それでも、肌の色や母国語、文化、宗教、セクシュアリティーまで様々な子どもたちが集まっていた環境に身を置けたことで、

№.41

## 辻愛沙子・選

私はスイミーのように世の中は多様で自由なのだと感動し、様々な学びを得たのです。〝普通〟という概念を規定できないあの環境が、起業し、組織づくりに尽力する今の私の土台になっているように思います。

人と違うと言われても、好奇心を持ち続け主体性を大事に冒険を続けることを、スイミーは肯定し光を当ててくれるのです。そして、その違いこそが強さになり、自分だけでなく周りの人たちにも貢献することができる。

社会の中に居場所がないと悩んでいる子どもたちに、この物語を届けたい。違いは力。この本が教えてくれたそのメッセージを、何歳になっても心に掲げて人生を歩んでいきたいと思います。

（2022年9月17日）

№.42

安田菜津紀・選

# ナビ・タリョン

李良枝＝著

講談社文芸文庫

※『由熙（ユヒ）　ナビ・タリョン』収録

「今のあなたには、この本がきっと、響くんじゃないかな」

大学を卒業し、フォトジャーナリストの仕事を本格的に始めたばかりの頃、新聞社の知人に私の出自について話したことがあった。私が中学生の時に父が亡くなったこと、その後、戸籍を見て初めて父が在日コリアンだと知ったこと、けれども父の家族のことは一切分からず、自分のアイデンティティーが宙づ

りになっていること——その時に勧められたのが、「ナビ・タリョン」だった。

　主人公の愛子は、自身に付きまとう「チョーセン」「あっちの国の人」という言葉に怯《おび》えていた。出自を隠し潜り込んだ京都の旅館でも、「チョーセンでも我慢して使うてきてやったんよ」と吐き捨てられる。一方で、自身が物心つくかつかないかの頃に日本国籍を取得した父親を呪っていた。

№.42

## ナビ・タリョン

「ウリナラ（直訳すると「我が国」）」を求め渡った韓国では、伝統楽器の弾き方や言葉にいたるまで、「真似る」「上手くなる」ことに努める自分に戸惑い、25年間日本に生きてきた事実をまざまざと突きつけられる。「日本」にも「ウリナラ」にも「居場所」を見いだせない揺らぎは、所在なげに漂う自分の心のありようにも重なった。

その後、謎に包まれていた父の家族の痕跡を求め、私も韓国に渡った。なんと祖父の家族との対面を果たすことができ、晴れやかな思いで帰国できると思っていた。ところが、祖母の生きた証は、一切見つけることができなかった。女性たちが置き去りにされがちな社会構造は根深い。例えば「族譜」と呼ばれる家系図は、あくまでも男性中心のものだった。彼女たちは誰かの「妻」や「母」として呼ばれ、名前さえ残らないこともあ

№.42

## 安田菜津紀・選

る。

小説というものは不思議だ。その時の自分の中に何が蓄積されているかで、浮き上がってくる文字が変わる。帰国後に私がこの本を読み返して目についたのは、女性たちを蔑《さげす》む言葉と、そこから垣間見える家父長制の呪縛だった。「済州島の女は無教養」「男を男と思わない」と、母を罵る父。「おたくの国の女というのは」としたり顔で語る日本人弁護士。「オレ、長男やめたいよ」と思わずこぼす、兄の哲ちゃん。

「女」として従属と、「どっちの人間でもない」ことへの怯えから自身を解き放っていく主人公の姿は、以前にも増して清々《すがすが》しく見えた。一人の女性の、ささやかな抵抗の証が、この本に確かに刻まれている。

（2022年11月5日）

№.43

山本章子・選

# マクベス

ウィリアム・シェイクスピア＝著　福田恆存＝訳

新潮文庫

私の親世代は、平凡社の『世界大百科事典』や『世界名作全集』を全巻買いそろえるのが当たり前だった。私も夫も両親は大学を出ていないが、どちらの実家の本棚にも茶色と金色の背表紙がずらりと並んでいた。

字が読めるようになると休み時間も絵本に没頭し、幼稚園の先生から自閉症の疑いをかけられたほど本好きだった私は、小学生になると自宅の世界名作全

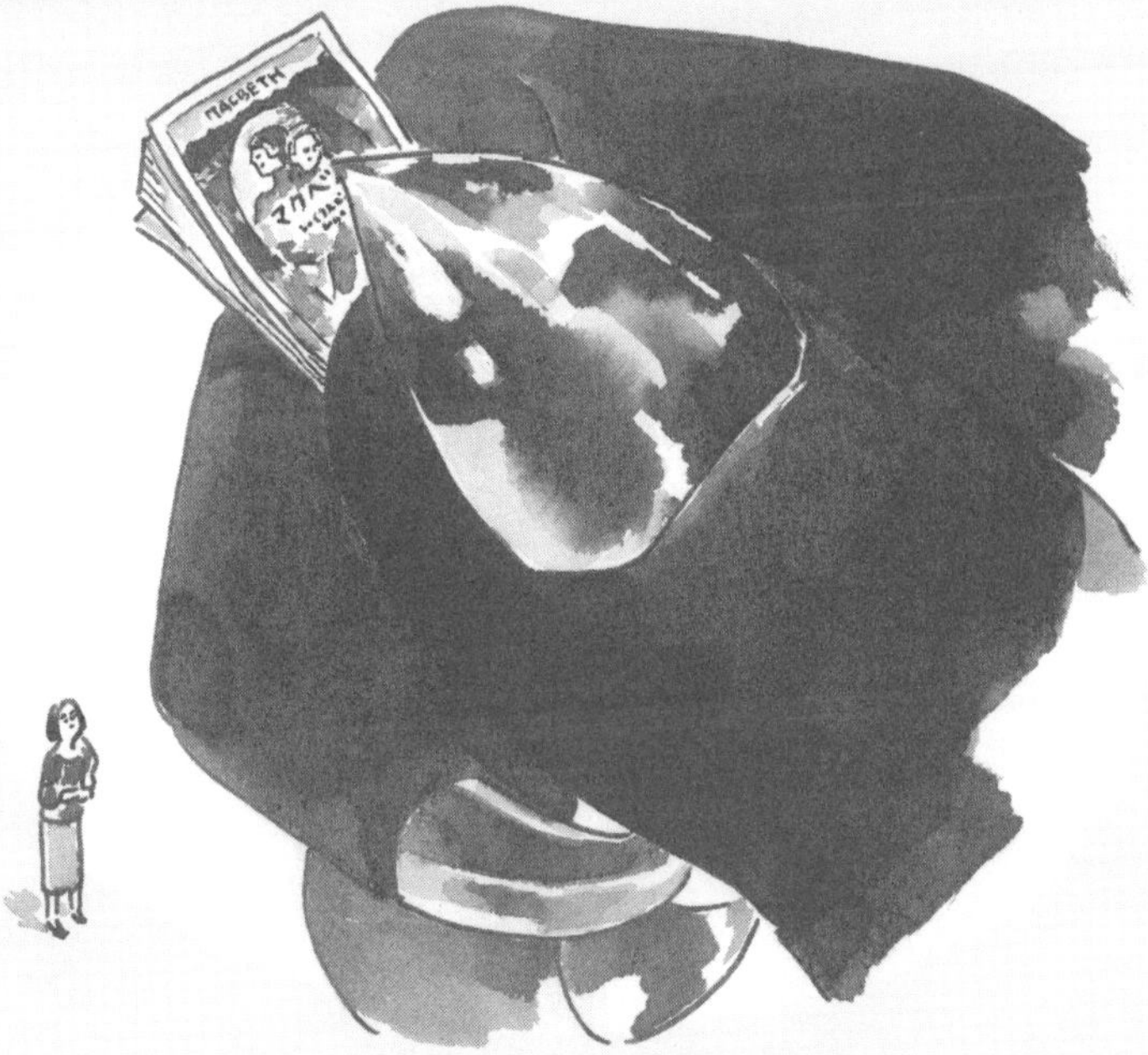


集から読めそうなものを探して『シェイクスピア名作集』を選んだ。戯曲という慣れない形式に違和感を覚えながら『ハムレット』『ロミオとジュリエット』『ヴェニスの商人』と読んだ中で、最も心惹かれたのが『マクベス』だ。

　子供にはやや大仰にも感じられる登場人物の雄弁なセリフのみで展開される物語群の中で、マクベスは言葉と行動が一致していてリアリティーが感じられ

№.43

## マクベス

たのだ。ハムレットは嘆き迷うばかりでいっこうに父の仇《かたき》をとらないし、ロミオは他に好きな女性がいたのにジュリエットに一目ぼれして殺傷沙汰。男装したポーシャの弁護士ぶりは見事だが、いかにも絵空事という気がした。

とはいえ、幼い私にとってマクベスの王位簒奪《さんだつ》は不可解な行為だった。彼は王になるはずの立場ではなかった。なのに、なぜたやすく魔女3人の甘言にのせられたのか。王を殺し、王子たちに罪をかぶせて王位を奪ったマクベスはうしろめたさから人殺しを重ね、殺された者たちの亡霊につきまとわれ、妻ともども死ぬまで眠りも安らぎも得られない。彼は王の器ではなかった。なのに、なぜ拙速に権力の座を求めたのか。

中嶋嶺雄『国際関係論』(中公新書)を読んだのをきっかけに大学で国際関係論を専攻し、20世紀を代表する国際政治学者の

№.43

## 山本章子・選

一人ハンス・モーゲンソーによる「人間の根源には『権力への渇望』がある」という議論を学んで、初めてマクベスを理解できた。王位をめぐる権力闘争は、マクベスの立場や器量を超えた宿命だったのだ。

現実の政治でも、荷が重すぎると見なされていた人物が派閥や政党、一国のリーダーを目指して暗闘することがある。その者の権力への渇望がライバルを凌駕《りょうが》するとき、マクベスのように一時の栄光を手にすることも。しかし、歴史家となった私は、それはシェイクスピアの悲劇のように混乱と混沌《こんとん》の幕開けだと考える。政治に関わる者はすべからく『マクベス』を読み、魔女の甘言に耳を傾けぬよう自らを戒めてはどうだろう。

（2022年11月19日）

№.44

澤穂希・選

# かわいそうな ぞう

土家由岐雄＝文　武部本一郎＝絵

金の星社

「好きな動物は？」と聞かれると、決まって「ゾウ」と答える子どもでした。実は、今もそう。長くて器用な鼻も、かわいらしい目も好きです。娘と動物園に行ってゾウを見ると、テンションが上がってしまいます。

『かわいそうな ぞう』との出会いは、小学3年生ごろでした。先生が授業で読んでくれた記憶も、学校の図書館で借りた記憶もあります。戦時下、爆弾が落

ちて動物園の檻《おり》が破壊された場合に備えて猛獣処分が進む中で、最後まで残ったゾウの話。残酷な実話にショックを受けて、「人間が起こした戦争のせいで、こんなことがあっていいのか?」と感じたことを覚えています。

1年ほど前、娘の本を買いに寄った書店で、パッと目に飛び込んできたのがこの本でした。大人になってから絵本を読む機会は少なかったのですが、すぐ

№.44

## かわいそうな ぞう

に「あのときの本だ！」と思い出して、4歳の娘に読み聞かせようと買って帰りました。

あらためて読むと、ゾウを殺していく過程や抵抗する飼育員さんたちの様子が、生々しく描かれていました。愛情をもって接していた飼育員さんを思うと、いたたまれない気持ちになります。小学生のときに泣いた記憶はありませんが、母になって読むと涙が出ました。

私がゾウを好きだと知っている娘は、うるうるしながら読み聞かせる私を見て、「大丈夫？」と気遣ってくれました。「本当にあったお話？」と聞かれたので、「本当にあった話だよ」と答えたら、「かわいそうなお話だね。戦争はひどいね」と、寂しそうな表情をしていました。幼稚園の先生の話を聞いたり、ニュースを見たりして、彼女も「戦争」というものを理解してい

№.44

## 澤穂希・選

るようです。

数日前にも、娘のリクエストで一緒にこの本を読みました。今はまだ5歳ですが、6歳、7歳ともう少し大きくなってから読むと、違う感情も生まれてくるのでしょう。今も「かわいそう」と言いますが、その意味が深くなっていくのだと思います。

ロシアのウクライナ侵攻のニュースを見ていると、普通の生活や家族が突如奪われて、国民が戦争に巻き込まれていく様子が伝わってきます。日本でも、ほんの80年前に起きていたことです。娘には、「普通に生活できることは、当たり前じゃないんだよ」と日ごろから話しています。一人でも多くの子どもに、戦時下の日本で悲しい出来事があったことを知ってもらえたらと思います。

（2022年12月3日）

№.45

里中満智子・選

# 万葉集
## 全訳注原文付

中西進＝編

講談社文庫

私はいわゆる「団塊の世代」で、戦前の教育を受けた親世代からは「男女同権なんて、いい時代に生まれて幸せね」と言われて育った。親も先生も近所の大人たちも、みな口をそろえて「昔の日本では女の権利なんて何ひとつ認められず、男に従って生きるしかなかった」と言っていた。映画やお芝居でみる「時代劇」の武家社会――それが過去の日本の姿だと思い込んでいた。

中学生になり、学校の図書室で『万葉集』と出会った。初恋に目覚める思春期、ロマンチックな雰囲気に浸れる恋の歌を見つけては、うっとりしていた。が……。

恋に悩む乙女の歌かと思ったら、やんごとない身分の大人の男性が詠んだ歌――庶民の女性がプリンスを振り回す歌――政治犯に同情する歌――実に多様な歌が溢れていて驚いた。

№.45

## 万葉集

ガチガチの身分制度に縛られ、お上に楯突《たてつ》くと死を賜り、女性は男性の意のままに操られ——などと思い込んでいた「過去の日本の姿」は、武家社会から軍国主義の時代のものだったと気づくのにそう時間はかからなかった。

『万葉集』は、大きく分けて「歌が詠まれた時代順」「歌のテーマ別」「歌の形式別」などを基準にまとめられている。

天皇から政治犯、庶民まで、身分、男女の区別もされていない。背景となる当時の社会事情は「働く女性は男性と同じように収入を得ていて、私有財産を持っていた」「結婚、離婚、再婚は、のちの武家社会の女性たちと違い、かなり自由だった」。それゆえ、自立していた女性たちは堂々と恋の歌を詠み、男性と対等に生きていたのだ。「もともとの日本は今更言われなくても男女の立場が対等だったのか」と、私は嬉しくなってしまい、

№.45

## 里中満智子・選

以来60年、『万葉集』がずっとそばにある。

全20巻、約4500首の作品——世界の中であの時代（1200年以上前）にこれほど民主的な文芸作品を生み出した人々に、感謝と尊敬の念を抱かずにはいられない。そして、日本語が生き続けているという奇跡のような幸運にも感謝したい。

『万葉集』を世界文化遺産に——そう願わずにいられない。男女が共に社会を支えて、文化を育てていたという素晴らしい事実をより多くの人に知ってもらいたい。

読むたびに新発見ともいえる興味が次から次へと湧いてきて、やがてそのうち「自分なりの解釈」を楽しめるようになる「一生の友」と言える。

（2022年12月24日）

№.46

茂木健一郎・選

# 人を動かす
## 新装版

D・カーネギー＝著　山口博＝訳

創元社

※文庫版も刊行

『人を動かす』は、小学校の5年生くらいの時に読んだ。自分で選んだのではない。たまたま家にあったのである。とにかく乱読する小学生だったので、特に深い考えもなく手にとったのだろう。

著者のカーネギーは、アメリカの作家。1936年に原書が出版された。日本語版は1937年に発売され、ロングセラーとなった。さまざまな「自己啓発本」の先がけとも言われる。

『人を動かす』を読んだ小学生の私には、もちろん社会人としての問題意識はなかったが、それでも「ここには人間の心理の本質が書かれている」と感じたことを鮮明に覚えている。

とりわけ印象に残っているのが、パーティーに行ったカーネギーが相手の話ばかり聞いて自分のことを一切口にしなかったら、かえって「話がうまい」と褒められたというエピソード。あまりにも面白いと思ったので、

№.46

## 人を動かす

私自身の講演の中でも何回か紹介したりしてきた。

今回、実に50年ぶりくらいに再読して、なつかしさとともに、やはり名著だなと感じた。『人を動かす』に出会った頃、私はアインシュタインに関する本を読んで将来の方向を模索していた。物理学の大学院で博士号をとって脳科学を始めたのは30歳の時。その後、脳の働きや、人間の心が生まれる仕組みを探ってきた立場から読み直すと、カーネギーの人間洞察の鋭さ、深さに改めて驚く。

この本が広く受け入れられているのは、社会の中で人と関わり、仕事をする中で自分を成長させ、成功するための方法が具体的に書かれているからだろう。単なるノウハウではなく、深い人間理解と骨太の哲学に基づく一つの「人生論」である。

人を動かすためには、何よりもまず、相手のことを理解しな

№.46

# 茂木健一郎・選

ければならないと本書は説く。人間はどのような時に自ら何かを成し遂げようとするのか。豊富な実例を引用して展開されるカーネギーの論考は、時を超えて現代でも十分に通用する。

例えば、自身に価値があるという「重要感」を持たせること。他人の立場からものを見ること。専門知識だけでなく、人の熱意を呼び起こすこと。相手の自己評価と合うことを言ってあげること。カーネギーの言う通りにすれば、たしかに人が動きそうだ。「釣り針には魚の好物をつけるに限る」といった格言にも思わず頷《うなず》く。

ネットを中心とする最近の日本の風潮は、カーネギーの叡智《えいち》から遠ざかっていないか。他人を尊重してこそ自分も輝く。伝えていきたい名著だ。

（2023年1月14日）

№.47

常見陽平・選

# モモ

ミヒャエル・エンデ＝作　大島かおり＝訳

岩波書店

※文庫版なども刊行

「ひとはなぜはたらくのか？」。この問いに人生をかけている。「働く」ということに興味を持ったのは、ひとり親家庭を支え浴びるように珈《コー》琲《ヒー》を飲み、吸い殻の山をつくり徹夜で論文を書く母の後ろ姿を見て育ったこと、過労死に関するドキュメンタリー番組をたまたま見たこと、背伸びして読んだマルクス、そして『モモ』だ。

ミヒャエル・エンデの存在を知ったのは、映画「ネバーエン

ディング・ストーリー」だった。ただ、最短距離で第一志望校合格を実現させてくれた「進研ゼミ」で『モモ』が紹介されており、青春の必読書だと確信し、手にとった。人生の扉を開くような本だった。ファンタジーの名作だが、実はディストピア小説だ。プロレタリア文学だとも言える。労働と余暇、お金と時間、さらには人間関係のあり方が問われる。欺瞞《ぎまん》に満ちた労働社会、消費社会に警鐘を乱打す

る本だ。

円形劇場の廃墟《はいきょ》に住み着いた、人の話を深く聞き勇気、希望を与える力のあるモモと、「時間どろぼう」の灰色の男たち。人々は時間を奪われ、忙しくなり、人間関係も悪化していく……。

読んだ瞬間、働くことに絶望し、ナイフを握りしめた。10代の私は現代社会の縮図であると直感した。青春が美しいなんて嘘っぱちだ。何かと競わされ、時間におわれ、搾取される。上京し、当時の地元札幌にはなかった牛丼店に初めて入った瞬間、『モモ』と一緒だと気づいた。今も、お金と時間の若者ばなれが進んでいる。

仕事の本質とは何かも問いなおされる。単に儲かるだけでいいのか。提供価値は何か。効率を重視して質の低いものを提供していないか。

№.47

## 常見陽平・選

もっとも、「社畜」にとってはモヤモヤする本だろう。我々は骨の髄までグローバル資本主義、新自由主義に毒され、生産性向上に邁進《まいしん》するのが当然だと思い込まされ、自己責任論が跋扈《ばっこ》する。なかなか競争から降りられない。プラットフォーム上で踊らされ、資本家に生き血を吸われる。働いた時点で負けじゃないか。『モモ』は所詮、ファンタジーであり、牧歌的すぎるのではないかと。

ただ、モモの持つ能力、人の話を聞き元気にする力、おかしいことをおかしいと感じる素の感覚に、私は快哉《かいさい》を叫ぶ。人は人を救うことができる。人間讃歌、勇気の讃歌だ。百年に一度の変化が毎年起こり、生き方、働き方が問い直される世界史的激動の今こそ手にとりたい。人間らしく生きさせろ。生き残るには今、奴から逃げ出せ。

（2023年1月21日）

№.48

舛添要一・選

# ジョゼフ・フーシェ

## ある政治的人間の肖像

シュテファン・ツワイク＝著　高橋禎二、秋山英夫＝訳

岩波文庫

東大法学部で政治学を専攻し、研究者への道を模索していた頃に、山下肇氏の訳で、1929年にドイツ語で出版されたこの本を読んだ。50年前に出会った本書を書庫から引っ張り出して、ページを開くと、熱心に読んだ形跡がある。

副題にあるように、これは「政治的人間」についての伝記であり、政治学の題材になるようなエピソードがちりばめられている。政治学は岡義達《よしさと》先生に

指導していただき、理論的な訓練を受けた。助手就職論文は「吉田茂の政治指導」であった。

諸事情から、ヨーロッパ政治外交史を専門にすることに決め、篠原一先生の門下に入り、ドイツ史を研究した。その後、フランスに留学し、助教授就職論文はアリスティド・ブリアンと戦間期欧州の安全保障に関する研究であった。

岡教授の兄で、篠原教授の師である岡義武先生からは、「君

№.48

## ジョゼフ・フーシェ

の論文を読むと、「君はストーリーテラーに向いている」という示唆をいただいた。要するに、歴史、とりわけ政治家の伝記を皆に分かり易く、巧みに語れということであった。

助教授になってからは、母校で政治学の講義に専念し、岡先生のご指摘のような作品を作れないまま、多くの本を執筆する日々が続いた。

その後、大学を辞め、自由な立場でマスコミなどで言論活動を続けたが、認知症になった母親の介護をきっかけに政治の道に転進した。権謀術数渦巻く政治の場に身を置いて、フーシェという政治的人間の凄さを痛感したものである。

「政府が、国体が、主義が、人間が、移り変わり、この世紀の転換期の騒がしい旋風の中で、すべてのものがこわれて消えた。ただ一人、変わらぬ地位にあってすべてに仕え、すべての主義

に従っていたのが、ジョゼフ・フーシェであった」（山下訳より）

このツヴァイクの観察通りの変節漢、カメレオン、常に権力の座にいる人物は、共産主義者にも皇帝の臣下にもなる。その力の源泉は情報収集能力であった。政策重視などと叫ぶ私という政治家は、この政治的人間の足下にも及ばないことを痛感したものである。

公職を去った後、ツヴァイクのようなストーリーテラーになるという思いを実行すべく、ヒトラー、ムッソリーニ、スターリンの伝記を公刊した。今は、プーチン論を執筆中で、次は毛沢東に取りかかる。しかし、ツヴァイクの域には達しそうもない。

（2023年2月4日）

№.49

本郷和人・選

# 天と地と

海音寺潮五郎＝著

文春文庫

いま海音寺潮五郎を愛読する人は多くあるまい。だが、いま読み返してみても、彼はものすごいストーリーテラーであると感嘆する。

逆説的な言い方になるが、海音寺は「史伝」が書ける。史伝とは、歴史上の人物や事件を対象として叙述する読み物である。歴史小説とどう違うか。一次史料の読解を基礎としてフィクションの要素を意図的に排除し、歴史の真実を明らかにしようと

する。それが史伝である。つまり史料が読めないと書けないのだ。明治期の山路愛山、大正期の森鷗外や幸田露伴などいわば在野の歴史家が執筆に励んでいたが、昭和期に入ると書き手が枯渇していった。その中で気を吐いたのが海音寺で、ともに国学院大学で学んだ学者の桑田忠親とともに、現代の歴史ドラマに登場する過去の人物の共通イメージを作った人、とぼくは評価している。

№.49

## 天と地と

海音寺が敬愛したのは郷土の英雄たる西郷隆盛だが、史伝を書くうちに上杉謙信にも強く惹かれるようになった。西郷と謙信は、権力にも金にも名誉にすら執着せず、正義を貫いた（少なくとも海音寺の見立てでは）。作家としての海音寺の魂がその生きざまに揺さぶられ、謙信の前半生を歴史小説として描き切った。それが本書である。7作目のNHK大河ドラマ（主演は石坂浩二）の原作になった。小学生のぼくを歴史好きにした大河であった。

越後の実質的な支配者であった長尾為景《ためかげ》の子として、謙信は生まれる。だが子どもの頃から利発すぎた彼を、父は愛さなかった。愛情に飢えながらも彼の異能を理解する人々に助けられて成長した彼は、越後の賢者・宇佐美定行にめぐりあう。定行の教導を受けて武将として成長した彼は、越後を統一し、正義

№.49

## 本郷和人・選

を実現するために関東に出馬し、宿敵・武田信玄と川中島で激戦を展開する。

ヒロインの乃美《なみ》があまりに切ない。定行の息女である美しい彼女は、はじめ謙信の姉のように振る舞い、やがて相思相愛の間柄になっていく。しかし様々な原因から謙信は女性を遠ざけ、二人が結ばれることはなかった。信玄との決戦に勝利した暁にはそなたを妻に迎えに行こう。そう約束して出陣した謙信を待っていたのは、彼の勝利を一心に願って力尽きた、乃美逝去の報《しら》せであった。このあたりの二人の描写は、本当に涙なしに読むことができない。結婚するまで女性に縁がなかったぼくは、謙信と乃美を想いだし、大丈夫、女性と結ばれないのはぼくだけじゃない、ぼくだけじゃない、と自分に言い聞かせたものだった。

（2023年3月11日）

№.50

ヒャダイン・選

# くたばれPTA

筒井康隆＝著

新潮文庫

「漫画ばかりじゃなく活字も読みなさい」。学生時分に誰しも言われたフレーズではないでしょうか。長文が苦手ゆえ最初に読んだのが星新一さんのショート・ショート。短い文章にもかかわらず読者を一瞬でSF世界にジャンプさせ、爽快なオチで驚嘆させる体験は私に活字の喜びを教えてくれました。その流れで筒井康隆さんの作品にも出会うのですが、その衝撃たるや。同じショート・ショー

トでSF設定も多いものの、露悪的だったり結末が救いようがなかったり。読後感の悪いものも多く「清廉潔白」を妙に忌み嫌う思春期ヤイヤイの私はすっかり夢中になった思い出があります。本書はショート・ショート24編が収録されているのですが、今読み直すと2023年の社会問題を予見的に描いていてゾッとしました。

　表題の「くたばれPTA」は「悪書追放運動の婦人団体」が

№.50

## くたばれPTA

ＳＦ漫画家を追い詰め社会的に破滅させる、という内容なのですが昨今の行き過ぎたコンプライアンスからの表現縮小と同じですし、世間全体が社会的に誰かを破滅させるのはネットで炎上した人をトコトン追い詰める風潮と同じ。

「２０００トンの精液」はＡＲ技術を使ったポルノスターが世の男性を骨抜きにする、という令和の最新技術を見てきたかのような作品です。女性アスリートが甲子園に男装して出場する「秘密兵器」も昨今のジェンダー論争を感じさせます。なんでも答えてくれるコンピューターが恋の相談に四苦八苦する「蜜のような宇宙」は「ＣｈａｔＧＰＴ」を思わせます。

そして何より凄いと私が感じるのは、そういったコンプラやＡＲ、ジェンダーやＡＩなどの社会的問題から生じる「歪《ゆが》み」みたいなものを丁寧にそして残酷に描いているんですよね。世

№.50

## ヒャダイン・選

の中のルールや技術が変わろうが人間の根っこの脆《もろ》さや醜さは変わらない。その歪みを明確に描いて最後のオチに爆発させて読後感をモヤモヤさせるのは唯一無二ではないでしょうか。
　私があまり好きではない言葉「タイムパフォーマンス」。動画の倍速再生などタイパが重視される世の中にショート・ショート小説は非常に相性がいいと感じます。半世紀ほど前の作品なので表現が差別的な部分があったりはしますが、コンプラがちがちで育った世代にとって、きっぷの良い表現も多々あるでしょう。少なくともヒャダイン少年はこの本を愛読したせいか全てを斜に構えてみるシニカルな大人になりました。あーあ！

（２０２３年４月１日）

# 執筆者紹介

## 1 〈わたし〉を知る

**はやみねかおる**
一九六四年生まれ。作家。一九八九年、『怪盗道化師』が第三十回講談社児童文学新人賞に佳作入選し、デビュー。著書に「名探偵夢水清志郎事件ノート」シリーズ、「怪盗クイーン」シリーズ、「都会のトム&ソーヤ」シリーズ等多数。

**竹内薫（たけうち・かおる）**
一九六〇年生まれ。サイエンスライター。科学評論、エッセイ、書評、講演など多方面で活躍中。著書に『AI時代を生き抜くための仮説脳』『竹内薫の「科学の名著」案内』『ペンローズのねじれた四次元』等多数。

**天野慶（あまの・けい）**
一九七九年生まれ。歌人。十七歳から短歌を詠み始める。著書に『つぎの物語がはじまるまで』『しょんぼり百人一首』かるた「リバーシブルで遊べる小倉百人一首」（考案）等がある。

**今野敏（こんの・びん）**
一九五五年生まれ。作家。二〇〇六年、『隠蔽捜査』で第二十七回吉川英治文学新人賞、二〇〇八年、『果断　隠蔽捜査2』で第二十一回山本周五郎賞、第六十一回日本推理作家協会賞、二〇一七年、「隠蔽捜査」シリーズで第二回吉川英治文庫賞を受賞。著書に『署長シンドローム』『精鋭』『同期』等多数。

**平原綾香（ひらはら・あやか）**
二〇〇三年『Jupiter』でデビュー。日本レコード大賞新人賞、日本ゴールドディスク大賞特別賞、レコード大賞優秀アルバム賞など、歌手として様々な賞を受賞し高い評価を受ける。ドラマやミュージカル、映画の吹き替えなど多方面でも活動。

**原ゆたか（はら・ゆたか）**
一九五三年生まれ。児童文学作家、イラストレーター。イラストレーターとして活動していた一九八七年に『かいけつゾロリのドラゴンたいじ』で作家デビュー。以来「かいけつゾロリ」は人気シリーズとして現在も刊行中。

# 執筆者紹介

**野口健**（**のぐち・けん**）
一九七三年生まれ。登山家、環境活動家。大学在学中から世界の山々に挑む。一九九九年にはエベレスト登頂に成功、当時の七大陸最高峰の世界最年少登頂記録を更新した。以降、環境保護活動など多方面で活躍を続けている。

**白石一文**（**しらいし・かずふみ**）
一九五八年生まれ。作家。二〇〇九年、『この胸に深々と突き刺さる矢を抜け』で第二十二回山本周五郎賞、二〇一〇年、『ほかならぬ人へ』で第百四十二回直木賞受賞。著書に『投身』『火口のふたり』『神秘』等多数。

**鈴木忠平**（**すずき・ただひら**）
一九七七年生まれ。ノンフィクション作家。二〇二一年に刊行した『嫌われた監督』で第三十二回ミズノスポーツライター賞、第五十三回大宅壮一ノンフィクション賞などを受賞。著書に『アンビシャス』『虚空の人』等がある。

**廣津留すみれ**（**ひろつる・すみれ**）
一九九三年生まれ。ヴァイオリニスト。ハーバード大学卒業、ジュリアード音楽院修士課程修了。音楽活動の他、大学講師や著作家としても活躍中。著書に『ハーバード・ジュリアードを首席卒業した私の「超・独学術」』等。

**くどうれいん**
一九九四年生まれ。作家。エッセイ、短歌、小説など多彩な分野で執筆活動を行う。二〇二一年、初の小説『氷柱の声』で第百六十五回芥川賞候補となる。著書に『桃を煮るひと』『うたうおばけ』『水中で口笛』等。

**石原良純**（**いしはら・よしずみ**）
一九六二年生まれ。俳優、気象予報士。一九八二年、映画『凶弾』でデビュー。芸能活動のかたわら、一九九七年には気象予報士試験に合格。現在まで多方面で活躍を続けている。著書に『石原家の人びと』等。

**佐野史郎**（**さの・しろう**）
一九五五年生まれ。俳優、ミュージシャン。一九八〇年、唐十郎率いる「状況劇場」に参加、退団後林海象監督『夢みるように眠りたい』で映画主演デビ

# 執筆者紹介

ュー。以降数々の映画、テレビドラマ、舞台に出演。

**土井善晴**(どい・よしはる)

料理研究家、「おいしいもの研究所」代表。十文字学園大学特別招聘教授、東京大学先端科学技術研究センター客員研究員。『一汁一菜でよいという提案』は近著。映画『土を喰らう十二ヵ月』で料理を担当。家庭料理を再評価する食事学研究により二〇二二年文化長長官賞を受ける。

**米澤穂信**(よねざわ・ほのぶ)

一九七八年生まれ。作家。二〇〇一年、『氷菓』でデビュー。二〇一四年、『満願』で第二十七回山本周五郎賞、二〇二二年、『黒牢城』で第百六十六回直木賞受賞。著書に『折れた竜骨』『インシテミル』『王とサーカス』等多数。

**中条省平**(ちゅうじょう・しょうへい)

一九五四年生まれ。フランス文学者。学習院大学教授。専門の十九世紀フランス小説のほか、日本文学、映画、マンガなどにも造詣が深く、多彩な執筆活動を行う。著書に『教養としてのフランス映画220選』『カミュ伝』等多数。

**姫野カオルコ**(ひめの・かおるこ)

一九五八年滋賀県生れ。作家。二〇一四年『昭和の犬』で直木賞、一九年『彼女は頭が悪いから』で柴田錬三郎賞を受賞。著書は他に『ツ、イ、ラ、ク』『受難』など多数。独異の文体で万人には好かれない作風。

**ヨース・ジョエル**

一九七〇年生まれ。高知県立大学教授。専門は日本思想史、国際日本学。一九九一年に来日以来、各地で日本研究を続ける。著書に『万葉集の散文学』『土左日記のコペルニクス的転回』(ともに共編著)。

## 2 〈あなた〉に出会う

**ふかわりょう**

一九七四年生まれ。著書に『スマホを置いて旅したら』(大和書房)、『世の中と足並みがそろわない』『ひとりで生きると決めたんだ』(ともに新潮社)、アイスランド紀行『風とマシュマロの国』(幻戯書房)などがある。

## 執筆者紹介

**ピーター・J・マクミラン**
翻訳家、詩人。東京大学非常勤講師、相模女子大学客員教授、武蔵野大学客員教授、JICAの文化講師を勤める。著書に『英語で味わう万葉集』『英語で読む百人一首』『松尾芭蕉を旅する』等多数。

**黒川創**（**くろかわ・そう**）
一九六一年生まれ。作家、評論家。二〇〇九年、『かもめの日』で第六十回読売文学賞、二〇一五年、『京都』で第六十九回毎日出版文化賞受賞。著書に『彼女のことを知っている』『世界を文学でどう描けるか』等多数。

**内田樹**（**うちだ・たつる**）
一九五〇年生まれ。思想家、翻訳家、武道家。神戸女学院大学名誉教授。著書に『夜明け前（が一番暗い）』『生きづらさについて考える』『日本辺境論』『下流志向』『寝ながら学べる構造主義』等多数。

**杉田かおる**（**すぎた・かおる**）
一九六四年生まれ。俳優。幼少期より子役として活動。テレビドラマ『パパと呼ばないで』『3年B組金八先生』などで大きな話題を呼ぶ。ドラマの他、映画、バラエティ番組でも活躍。近年は、健康リテラシーを上げるための活動も行っている。著書に『すれっからし』『60歳からの自然美肌 杉田かおるのオーガニックビューティ・ライフ』等。

**重松清**（**しげまつ・きよし**）
一九六三年生まれ。作家。二〇〇〇年、『ビタミンF』で第百二十四回直木賞、二〇一四年、『ゼツメツ少年』で第六十八回毎日出版文化賞受賞。著書に『ナイフ』『エイジ』『流星ワゴン』『とんび』『十字架』等多数。

**神田伯山**（**かんだ・はくざん**）
一九八三年生まれ。講談師。二〇〇七年に三代目神田松鯉に入門、神田松之丞として活動を開始。二〇一二年に二ツ目昇進。二〇二〇年に真打昇進すると同時に六代目神田伯山を襲名する。著書に『講談放浪記』等がある。

**佐藤究**（**さとう・きわむ**）
一九七七年生まれ。作家。二〇一八年、『Ank: a mirroring ape』で第二十回大藪春彦賞、第三十九回

## 執筆者紹介

吉川英治文学新人賞、二〇二一年、『テスカトリポカ』で第三十四回山本周五郎賞受賞、第百六十五回直木賞受賞。著書に『QJKJQ』等。

**平野啓一郎**（ひらの・けいいちろう）
一九七五年生まれ。小説家。一九九九年、『日蝕』で第百二十回芥川賞を受賞。著書に『葬送』『決壊』『ドーン』『空白を満たしなさい』『マチネの終わりに』『ある男』『私とは何か』『三島由紀夫論』等多数。

**アグネス・チャン**
歌手・エッセイスト。七二年に「ひなげしの花」で日本で歌手デビュー。上智大学を経てトロント大学を卒業。さらには、アメリカスタンフォード大学博士課程で学び、九四年に教育学博士号を取得。九八年より日本ユニセフ協会大使に就任。歌手活動のほかユニセフ・アジア親善大使などとして、積極的に社会的な活動も行っている。著書に『スタンフォード大に三人の息子を合格させた50の教育法』等。

**東畑開人**（とうはた・かいと）
一九八三年生まれ。臨床心理学者。二〇一九年刊行の『居るのはつらいよ』で第十九回大佛次郎論壇賞、第十回紀伊國屋じんぶん大賞受賞。著書に『心はどこへ消えた?』『なんでも見つかる夜に、こころだけが見つからない』等。

**村井理子**（むらい・りこ）
一九七〇年生まれ。翻訳家、エッセイスト。著書に『ふたご母戦記』『はやく一人になりたい!』『家族』『兄の終い』など、訳書に『ダメ女たちの人生を変えた奇跡の料理教室』（キャスリーン・フリン）等がある。

**南果歩**（みなみ・かほ）
一九六四年生まれ。俳優。映画『伽倻子のために』のヒロイン役でデビュー。以降、ドラマ、映画、舞台、執筆活動など幅広く活躍。著作にエッセイ『乙女オバさん』絵本『一生ぶんのだっこ』等。

**君塚直隆**（きみづか・なおたか）
一九六七年生まれ。歴史学者、政治学者。関東学院大学教授。専門は近代イギリス政治外交史、ヨーロッパ国際政治史。二〇一八年、『立憲君主制の現在』で第四十回サントリー学芸賞受賞。著書に『貴族とは何か』等。

三木那由他（みき・なゆた）
一九八五年生まれ。哲学者。大阪大学大学院講師。専門は言語やコミュニケーションの哲学。著書に『言葉の展望台』『会話を哲学する』『グライス 理性の哲学』『話し手の意味の心理性と公共性』がある。

早見和真（はやみ・かずまさ）
一九七七年生まれ。作家。二〇一五年、『イノセント・デイズ』で第六十八回日本推理作家協会賞、二〇二〇年、『ザ・ロイヤルファミリー』で第三十三回山本周五郎賞受賞。著書に『店長がバカすぎて』『あの夏の正解』等。

## 3 〈みんな〉と生きる

矢部太郎（やべ・たろう）
一九七七年生まれ。芸人、漫画家。二〇一六年に発表した漫画『大家さんと僕』が話題を呼び、二〇一八年には第二十二回手塚治虫文化賞短編賞を受賞した。著書に『ぼくのお父さん』『マンガ ぼけ日和』等。

齋藤孝（さいとう・たかし）
一九六〇年生まれ。教育学者。明治大学教授。著書に『齋藤孝の大人の教養図鑑』『いつも「話が浅い」人、なぜか「話が深い」人』『1話5分！ 小学生のうちに読んでおきたい名作101』『声に出して読みたい日本語』等多数。

宋美玄（そん・みひょん）
一九七六年生まれ。医学博士。日本周産期新生児学会会員、日本性科学会会員。様々な女性の悩み、性、妊娠などについて女性の立場から積極的な啓蒙活動を行う。著書に『女医が教える本当に気持ちのいいセックス』等多数。

たかまつなな
一九九三年生まれ。株式会社笑下村塾創業者・代表取締役。大学生時代にお嬢様芸人としてデビュー。その後はテレビ出演のほか、時事 YouTuber として、若者へ社会問題をわかりやすく伝える活動を展開している。

谷口真由美（たにぐち・まゆみ）
一九七五年生まれ。法学者。大阪芸術大学客員准教

授。専門は人権、ハラスメント、性教育、ジェンダー法、憲法など。著書に『おっさんの掟』『憲法って、どこにあるの?』『日本国憲法　大阪おばちゃん語訳』等がある。

**パトリック・ハーラン**

一九七〇年生まれ。タレント。アメリカ・コロラド州出身。ハーバード大学卒業後の一九九三年に来日。九七年にお笑いコンビ「パックンマックン」としてデビュー。以降、俳優やコメンテーターなど多方面で活躍を続けている。

**辻愛沙子**(**つじ・あさこ**)

社会派クリエイティブを掲げ、広告から商品プロデュースまで領域を問わず手がける越境クリエイター。二〇一九年、女性のエンパワメントやヘルスケアをテーマとした「Ladyknows」プロジェクトを発足。

**安田菜津紀**(**やすだ・なつき**)

一九八七年生まれ。メディアNPO Dialogue for People副代表/フォトジャーナリスト。アジア、アフリカ、中東などで貧困や難民問題の取材を続ける。著書に『国籍と遺書、兄への手紙』『あなたのルーツを教えて下さい』『隣人のあなた』『君とまた、あの場所へ』等。

**山本章子**(**やまもと・あきこ**)

一九七九年生まれ。国際政治学者。琉球大学准教授。専門は国際政治史。二〇二〇年、『日米地位協定』で第四十一回石橋湛山賞を受賞。著書に『米国と日米安保条約改定』『米国アウトサイダー大統領』等がある。

**澤穂希**(**さわ・ほまれ**)

一九七八年、東京都出身。二〇一一年FIFA女子ワールドカップでなでしこジャパンを初優勝に導き、得点王とMVPに輝く。同年度のバロンドール授賞式で「FIFA女子世界年間最優秀選手」を受賞。二〇一二年ロンドン五輪で銀メダルを獲得。

**里中満智子**(**さとなか・まちこ**)

一九四八年生まれ。マンガ家。大阪芸術大学キャラクター造形学科学科長。十六歳で第一回講談社新人漫画賞を受賞しデビュー。以来現在まで数々の人気作、話題作を生み活躍中。著書に『アリエスの乙女たち』『天上の虹』『古事記』等多数。

# 執筆者紹介

**茂木健一郎**（**もぎ・けんいちろう**）
一九六二年生まれ。脳科学者。ソニーコンピュータサイエンス研究所上級研究員。〈クオリア〉をキーワードに脳と心の関係を探求している。著書に『脳は若返る』『クオリアと人工意識』『脳とクオリア』等多数。

**常見陽平**（**つねみ・ようへい**）
一九七四年生まれ。労働社会学者。千葉商科大学准教授。大学生の就職活動、労働問題、キャリア論、若者論などをテーマに幅広い執筆・講演活動を行う。著書に『僕たちはガンダムのジムである』『なぜ、残業はなくならないのか』等多数。

**舛添要一**（**ますぞえ・よういち**）
一九四八年生まれ。国際政治学者。東京大学助教授を経て、二〇〇一年に政界入り。厚生労働大臣や新党改革代表、東京都知事を歴任した。著書に『プーチンの復讐と第三次世界大戦序曲』『ヒトラーの正体』等多数。

**本郷和人**（**ほんごう・かずと**）
一九六〇年生まれ。歴史学者。東京大学史料編纂所教授。専門は日本中世史。著書に『黒幕の日本史』『歴史学者という病』『承久の乱』『上皇の日本史』『日本史のツボ』『戦国武将の明暗』『新・中世王権論』等多数。

**ヒャダイン**
音楽クリエイター。本名前山田健一。三歳でピアノを始め、音楽キャリアをスタート。京都大学卒業後、本格的な作家活動を開始。様々なアーティストへ楽曲提供を行うとともに、自身もタレントとして活動する。

初出
「毎日新聞」
2022年5月7日～
2023年5月13日

装丁
寄藤文平＋垣内晴（文平銀座）

みんなのなつかしい一冊《いっさつ》

印刷　二〇二三年八月五日
発行　二〇二三年八月二五日

編者　池澤夏樹《いけざわなつき》
絵　寄藤文平《よりふじぶんぺい》
発行人　小島明日奈
発行所　毎日新聞出版
〒一〇二－〇〇七四
東京都千代田区九段南一－六－一七
千代田会館五階
営業本部　〇三－六二六五－六九四一
図書編集部　〇三－六二六五－六七四五

印刷・製本　光邦




ISBN 978-4-620-32776-1